JINRONG SHIJIAN XULIE DE
FENXI YU WAJUE

金融时间序列的
分析与挖掘

吴学雁◎著

SPM 南方出版传媒
广东科技出版社｜全国优秀出版社
·广 州·

图书在版编目（CIP）数据

金融时间序列的分析与挖掘/吴学雁著. —广州：广东科技出版社，2018.7 （ 2022.5 重印 ）
ISBN 978－7－5359－7002－2

Ⅰ.①金… Ⅱ.①吴… Ⅲ.①金融—时间序列分析 Ⅳ.①F830

中国版本图书馆 CIP 数据核字（2018）第 165900 号

金融时间序列的分析与挖掘
Jinrong Shijian Xulie De Fenxi Yu Wajue

责任编辑：杜怡枫
封面设计：友间文化
责任校对：罗美玲
责任印制：彭海波
出版发行：广东科技出版社
（广州市环市东路水荫路 11 号 邮政编码：510075）
销售热线：020-37607413
http：//www. gdstp. com. cn
E-mail：gdkjbw@nfcb.com.cn (总编室)
经　　销：广东新华发行集团股份有限公司
印　　刷：广州市东盛彩印有限公司
（广州市增城区新塘镇太平洋工业区十路 2 号 邮政编码：510700）
规　　格：787 mm×1 092 mm 1/16 印张 9.25 字数 185 千
版　　次：2018 年 7 月第 1 版
2022 年 5 月第 2 次印刷
定　　价：69.00元

前　　言

在金融领域中，时间序列是非常重要的一种数据类型，例如证券市场中的股票价格和交易量、外汇市场上的汇率、期货和黄金的交易价格等，这些数据都形成了持续不断的时间序列。金融市场中的时间序列主要使用基础分析和技术分析方法进行分析，这两种方法使用简单，但是无法对数据中隐含的更深层次的规律和特征进行挖掘。数理统计分析方法是目前金融时间序列分析中比较常用的方法，随着数据量的不断增加，这种方法的分析能力存在一定的缺陷，各种数理统计分析方法都无法有效地处理较大规模的数据集，也不适合从大量数据中主动地发现各种潜在的规则。因此面对金融行业不断涌现的海量数据，需要寻找新的数据分析和挖掘的方法。本书将数据挖掘技术运用到金融时间序列研究中，使用关联规则、聚类分析等数据挖掘方法对金融时间序列中的隐含模式进行挖掘，本文的创新点主要基于以下几个方面：

（1）针对金融时间序列需要保留形态特征与趋势特征的特点，提出了适合金融时间序列的多层次极值点分段表示法（MEPS），此方法能在多个层次上最大限度地保留关键特征点信息，从而能更好地捕捉和表示时间序列的形态和走势。

（2）针对金融时间序列需要保留形态特征与趋势特征的特点，在 MEPS 算法的基础上提出了分层的动态时间弯曲相似性度量方法（HDTW）及其改进方法 IHDTW，将时间序列在不同层次上进行分段，然后计算对应分段层次中子序列间的相似性，最后汇总得到序列间的相似度，在算法中对动态时间弯曲算法（DTW）进行了改进，并且考虑到了分层的均匀因素及趋势因素，实验结果证明能大大提高相似性度量的效果和效率。

（3）金融市场的运行非常复杂，其中人的因素也非常重要，为了在金融时间序列挖掘的过程中更好地体现用户的实际需求，提出了基于事件的时间序列相似性度量方法（SMBE），此算法通过对事件的定义引入用户在相似性度量时的偏好与需求，并设计了基于 SMBE 的层次聚类算法，完全以事件的相似性为中心进行聚类，定义了类间相似度和类间一般距离两个参数，并以它们之间的比较作为判断类间距离的依据，使得时间序列相似性度量及其聚类的结果更加符合实际金融市场的状态与需求。

（4）多元时间序列的跨事务关联规则挖掘可以发现不同时间序列在不同时间段发生的事件之间的联系，对于准确预测金融时间序列的走势具有非常重要的意义。本书提出 O－Apriori 算法实现了多元时间序列的跨事务关联规则挖掘，设计并定义了频繁状态矩阵来存放项集的频繁状态，构建事务布尔矩阵来存放事务与项集的关系，只需在初始化阶段扫描一次数据库产生初始的频繁状态矩阵和事务布尔矩阵，并根据多元时间序列的跨事务关联规则的定义对递推寻找频繁 k 项集的过程进行约简，大大提高了关联规则挖掘的效率。然后提出了基于可变支持度的 O－Apriori 算法（VSO－Apriori），设置变化的最小支持度阈值来对应不同级别的频繁项集，从而能够挖掘出更多有效的关联规则。

（5）随着金融市场的快速发展，对于实时金融时间序列数据流的处理与分析也成为非常迫切的需求。针对实时金融时间序列数据流挖掘的需求，本书提出了基于滑动挖掘区间的动态关联规则挖掘方法（SI－DARM）和基于形态特征的数据流聚类算法。SI－DARM 算法能在线对不同的挖掘区间进行频繁项集的挖掘，并能跟踪及表现频繁项集的模式变化趋势。基于形态特征的数据流聚类算法通过在线保留子序列的特征信息来实现任意时刻的聚类需求，可以随着新的数据流的到来追踪聚类结果的演化过程。实验证明，这两种算法都能非常有效地进行金融时间序列数据流的动态挖掘，对于挖掘与发现不断变化的金融市场的隐含规律具有非常重要的意义。

本书的基础资料和主要内容来源于作者攻读博士学位期间的研究，同时也与作者主持和参与的科研项目相关，其中主要包括：国家自然科学基金项目“经理级 CIO 拼创行为对 IS 战略匹配的作用机理研究：以复杂适应系统理论为视角”（编号 71472051）和教育部人文社会科学研究项目“社会化媒体环境下顾客契合行为研究”（编号 13YJCZH200）。

目　　录

第一章　引　　言

第一节　金融市场信息化的发展

现代金融业已经成为一国社会经济发展的重要推动力和国家竞争力的重要组成部分。在全球经济一体化的今天，金融业面临着巨大的机遇与挑战，对金融市场本质规律的认识和把握更直接关系到金融市场的稳定、高效与安全，探求金融市场的变化规律，提高金融管理与投资的效率也成为各国政府与投资机构孜孜以求的目标之一。

当前金融创新已成为金融企业的核心竞争力，而95%的金融创新的实现都极度依赖于信息技术，由信息技术构建的金融工具，能实时对金融风险进行识别、度量和控制，提高金融管理的决策效率。金融管理决策正在向智能化方向发展，金融信息化正成为当前金融业面临的重要课题。金融信息化对金融市场乃至整个经济社会具有非常重要的影响作用。

金融信息化[1]是指构建在通信网络、计算机、信息资源与人力资源等要素基础上的国家信息结构框架，由具有统一技术标准，能以不同速率传送数据、语言和视频影像的综合信息网络构成，将具备智能交换和增值服务的多种金融信息网络系统联网结体，创造金融经营、管理、服务新模式，以人为本，全方位地服务社会，并极大提升金融企业核心竞争力的现代化工程。目前，我国金融信息化事业已经取得了显著成绩，基于服务、经营、管理和监管理念的金融信息化技术体系框架基本形成，高效、安全的金融信息化安全保障体系初步建成，为推动金融改革与创新，提升中国金融业的核心竞争力做出了突出贡献。金融信息化已成为中国金融平稳安全运营最基本的生存支撑环境，信息化已经提升到金融业的战略高度。

金融业的信息化进程可以概括为：以数据大集中为前提，以完善的综合业务系统为基础平台，以数据仓库为工具，以信息安全为技术保障，打造出现代化、网络化的金融企业。在金融业信息化的进程中产生了大量的数据，尤其是网络金融业的发展更是产生了海量的数据。金融机构的许多业务活动（客户分析、投资决策、风险管理、价格预测等）越来越依赖于对大量历史数据的分析，我国的投资者与金融机构也越来越清楚地认识到分析金融数据、从中挖掘出有价值的信息是实现科学化管理决策的必要手段与核心工作。

第二节　金融市场的传统分析方法

金融市场是一个庞大的系统，受到各方面因素的多重影响，具有非常复杂的运动规律，而时间序列数据则是其综合外在的表现形式。由于金融市场中的数据以时间序列为主，因此金融市场分析常常被称为金融时间序列分析。

一、基础分析与技术分析

基础分析与技术分析主要用于证券市场中的时间序列分析。基础分析主要用于股票长期走势的分析，常常用来判断是否对某只股票进行投资。技术分析主要用于股票短期走势的分析，常常用来对股票的买卖时机进行判断。

基础分析是指通过分析影响证券市场供求关系的相关因素来确定股票的真正价值，判断股票市场的走势，从而为投资者提供选择股票的依据。基础分析基于因果关系论的观点，具有很强的逻辑性，但是在实践中却很难操作。影响市场变化的因素千变万化，比如宏观经济形势、公司的运营状况、国家的金融政策等都可能影响股票市场的行为，因此基础分析者需要具有获取完备且及时信息的能力，显然这是非常困难的。另外，准确度量各种市场因素影响的程度也是非常困难的，因此基础分析主要是基于定性的层面来进行描述。

技术分析是指完全根据市场行情的变化来进行分析，主要是通过图表和各种技术指标来判断股票未来的价格变化趋势，常用的指标包括 OBV 指标、BOLL 指标和 KDJ 指标等，这些指标都是通过对历史时间序列数据进行简单统计而得到的，比如收盘价格、开盘价格、交易量和涨跌指数等。

二、数理统计分析

数理统计方法是目前金融时间序列分析的一类主要方法，运用各种数理统计模型来进一步分析数据中更加复杂的规律及各种统计特征。

（1）统计特征的检验分析。

检验分析方法主要用于分析序列中是否存在某种统计特征，这些统计特征被用来对数据进行进一步的分析。

（2）相关分析。

通过计算序列间的相关系数来分析变量间的相关程度，例如可以通过计算相关系数来判断股价的变化幅度对股票交易活跃程度的影响。

（3）回归分析。

通过对变量进行拟合来分析变量间的依赖关系，例如对股票价格和交易量进行曲线拟合可以分析它们之间的依赖关系。回归分析通常用于分析序列的趋势及趋势的变动。

（4）基于自回归移动平均模型的分析。

自回归移动平均模型（ARMA）是一类重要的时间序列分析模型，对时间序列建立合适的 ARMA 模型有两个主要的用途：一是分析序列的某些重要特征；二是进行短期预测。

（5）金融资产的定价分析与投资组合分析。

使用已有的数学工具，例如定价模型等，确定各种金融资产的可能价格与风险，并结合优化算法构建合理的投资组合，降低投资风险，提高期望收益率。

第三节　数据挖掘技术的兴起与发展

基础分析和技术分析方法主要对证券市场中的时间序列进行分析，这两种方法使用简单，但是无法对数据中隐含的更深层次的规律和特征进行挖掘。数理统计分析方法是目前金融时间序列分析中比较常用的方法，但是，面对数据量的不断增加的状况，这种方法的分析能力存在一定的缺陷。各种数理统计分析方法都无法有效地处理较大规模的数据集，也不适合从大量数据中主动地发现各种潜在的规则。因此面对金融行业不断涌现的海量数据，需要寻找新的数据分析和挖掘的方法。

随着数据库技术、人工智能技术和并行计算等技术的发展与融合，数据挖掘技术应运而生。数据挖掘技术是一门新兴的交叉学科，是现代科学技术相互渗透的结果，其基本目标就是从大量的数据中提取隐含的、潜在的和有用的知识和信息，为金融时间序列的隐含模式挖掘提供了有效的途径。

1989 年 8 月在底特律召开了第一届知识发现（Knowledge Discovery in Database，KDD）国际学术会议，正式提出了数据库中的 KDD 的概念。随后在 1991 年、1993 年和 1994 年都举行了 KDD 的专题讨论会，来自各个领域的研究人员在一起讨论海量数据的分析算法、知识表达和知识运用等问题。KDD 这一概念不断被大家所认可和熟知，KDD 国际会议逐渐发展成为年会。

数据挖掘（Data Mining，DM）是知识发现的核心，正如 Han[2] 所说，在产业界、媒体和数据库研究界，DM 比 KDD 更为流行。从 1989 年至今，数据挖掘的定义也在不断地改进与完善。本文采用文献［3］中的广义的数据挖掘定义：数据挖掘是从数据集中识别有效的、新颖的、潜在有用的，以及最终可理解的模式的高级处理过程，它包括数据清理、数据集成、数据选择与变换、数据挖掘、模式评估与知识表达等过程，应用各种方法从数据序列中发现隐含的规律和模式。图 1－1 展示了广义的数据挖掘的过程，它包括四个主要的步骤：

（1）问题/任务定义。

数据挖掘的目的是为了从大量的数据中发现令人感兴趣的、有用的信息。在数据挖掘的第一阶段，首先要定义数据挖掘要解决的商业问题，即通过数据挖掘过程发现何种知识。在问题定义的过程中，数据挖掘人员需要和领域专家及最终用户紧密协作，明确实际商业问题对数据挖掘的要求，也需要对各种学习算法进行对比后确定可行的学习算

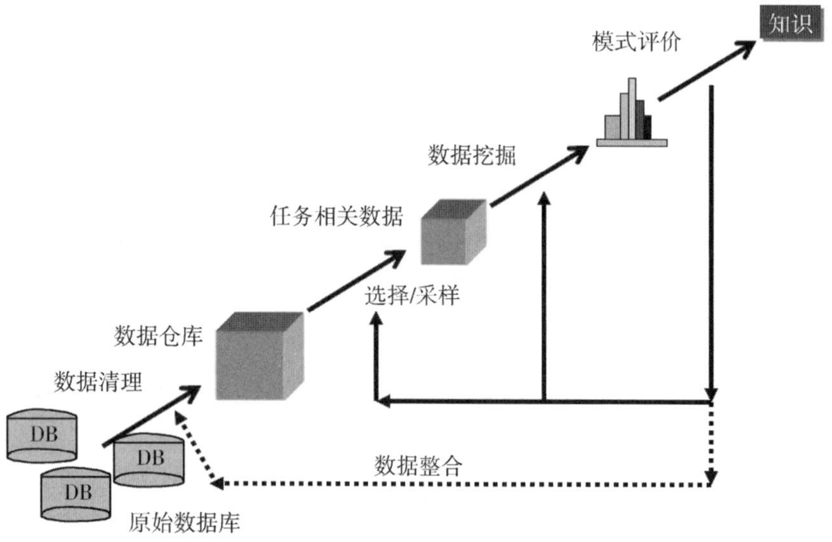

图 1－1　数据挖掘的过程

法，在后续的数据选取过程中也要根据定义的商业问题来选择相关数据。

（2）数据收集与数据预处理。

从原始数据库中选取数据进行集中，经过数据清理过程后形成数据仓库，从数据仓库中根据所定义的商业问题选取相关数据，一般可分为数据选取、数据预处理和数据变换三个步骤。数据选取是根据用户需要从原始数据库中抽取数据的过程。数据预处理过程一般包括消除噪声、消除重复记录、填补缺失值等，一般在数据仓库建立时完成。数据变换主要是对数据进行降维操作，即找出数据最本质的特征以减少数据挖掘过程中考虑的特征或变量数目。

（3）数据挖掘。

在数据挖掘阶段，首先根据定义的商业问题明确数据挖掘的任务，例如数据分类、数据聚类、关联规则挖掘或者异常检测等，然后根据数据挖掘任务选择相应的数据挖掘算法来完成数据挖掘的过程。数据挖掘算法的选择主要考虑两点：一是进行数据挖掘的数据的特点，例如金融数据需要选择可以保留数据点趋势和形态特征的算法；二是根据用户对挖掘结果的需求，有的用户希望获取容易理解的描述型知识，而有的用户希望获得预测型知识。

（4）结果的解释与评价。

数据挖掘得到的模式不一定是有效的，可能存在冗余或者无关的模式，因此需要对无效的模式进行删除。如果挖掘出的模式不符合用户的需求，还需要返回到上一个阶段重新进行数据挖掘的过程，直到找到符合要求的模式为止。另外，对于数据挖掘的结果要进行解释，转换为用户容易理解的方法。

数据挖掘的潜在应用领域非常广泛，从政府管理决策到商业营销策划，从科学问题研究到工业企业的生产流程优化等都可以找到数据挖掘技术的用武之地。如今数据挖掘技术的应用已经在许多领域取得成功，例如客户关系管理、产品质量分析、Internet 站点访问模式和基因工程研究等。许多金融机构也认识到充分利用数据挖掘技术进行科学化管理决策和创新业务的重要性。美洲银行采用数据挖掘工具分析信用卡交易数据，全面了解客户的消费习惯和偏好，为其提供个性化的服务。HNC 公司的标志产品 Falcon 是信用卡侦测的专用软件，它利用嵌入式神经网络模型来预测信用和借贷欺诈，获得了巨大的商业成功。Customer Analytics 公司将预测模型融入金融服务业的客户关系管理软件中来计算顾客购买信托基金的倾向度。另外，根据软件供应商提供的报告，美国银行、FCC 国家银行、联邦住房贷款抵押公司、Mellon 银行和美国联邦储蓄银行等等一大批著名的金融机构都在进行某种形式的数据挖掘，但往往出于商业竞争的需要而隐瞒。

与国外相比，我国金融行业的发展相对缓慢，20 世纪 90 年代初才建立了上海与深圳证券交易市场，基金、期货等业务也是最近才发展起来，但是金融行业信息化的发展却非常迅速。目前，各个金融机构都基本建立了集中式的数据中心，金融业已经成为一个数据高度密集的行业。各大银行、交易所、证券公司、投资公司以及基金公司都保存了大量的历史交易数据，这些数据为数据挖掘的应用提供了很好的数据基础。然而虽然国内的金融行业已经进入了数据密集时期，但是与国外相比，在对数据进行深层次的挖掘和利用方面还处于较低的水平。因此利用数据挖掘技术对金融市场中的海量数据进行深入的分析与挖掘已成为当前国内金融行业的迫切需要。

第四节 本书的研究目的与内容

数据挖掘技术可以运用到金融领域的很多方面。在金融领域，时间序列是非常重要的一种数据类型，例如证券市场中的股票价格和交易量、外汇市场上的汇率、期货和黄金的交易价格等，这些数据都形成了持续不断的时间序列。本书所述的工作主要针对金融时间序列进行研究，使用数据挖掘方法对金融时间序列中的隐含信息进行挖掘，研究目的主要基于以下几个方面：

（1）满足对金融数据更深层次挖掘和主动挖掘的需求。传统的金融时间序列分析方法不能对金融数据进行较深层次的挖掘，尤其是不能主动地寻找隐含的信息与规律，通过数据挖掘技术能够较好地解决这一问题。

（2）结合金融时间序列的特征进行分析和挖掘，提高挖掘的准确度和效果。已有的时间序列挖掘算法的适用性是有限的，不能兼顾所有的时间序列类型和应用。文献［4］指出，对同一种挖掘方法而言，随着测试数据集的不同，方法的有效性、准确性和效率会出现完全不同的结果，有些挖掘方法对某些数据集甚至无法使用。因此，针对金融时间序列的特征和特定需求来进行数据分析与挖掘是非常重要的。

（3）针对金融时间序列实时性的需求，研究在线的动态数据挖掘算法。随着金融行业的数据量和业务量不断增加，对金融数据分析与处理的实时性需求也越来越高，因此研究动态的数据挖掘方法，对金融时间序列进行实时的分析与预测具有非常重要的意义。

一、本书的研究对象

本书的研究对象是金融时间序列。时间序列数据是一类特殊的序列数据，它是由一系列随时间变化的值组成的，测量这些值的时间间隔可以是等间距或者不等间距的。时间序列数据可以是连续的或者离散的，本书主要研究离散的时间序列数据。

定义 1－1（离散时间序列数据）：对过程中的某个变量 s 进行观察测量，在一系列时刻 t_1，t_2，…，t_n（t_i 为自变量，且 $t_1 < t_2 < \cdots < t_n$）得到的离散有序数集合为 $\{(s_{t_1}, t_1), (s_{t_2}, t_2), \cdots, (s_{t_n}, t_n)\}$，称为离散时间序列数据，简称为时间序列。在时间序列分析领域，一般都使用 t_i 表示数据出现的先后顺序，通常令 $t_1 = 1$，$t_{i+1} = t_i + 1$，时间序列可记为 $\{s_1, s_2, \cdots, s_n\}$。

定义 1－2（金融资产的增幅）：在金融时间序列分析过程中，金融资产的增幅是投资者重要的关注点之一，在本文中会多次使用这个概念。若某项金融资产在时刻 t_1 和 t_2 的价格分别为 p_1 和 p_2，则在 t_1 与 t_2 期间该金融资产的增幅 r 定义见（1－1）。

$$r = \frac{(p_2 - p_1)}{p_1} \tag{1-1}$$

二、本书的研究内容

本书结合金融时间序列的特征与金融分析过程的需求深入研究了金融时间序列模式挖掘的相关方法，研究内容主要包括以下几个方面：

（1）金融市场是一个由社会、经济、心理等诸多因素综合作用的复杂系统，作为其外在表现的金融时间序列具有不同于其他一般时间序列的特点。在很多情况下，金融时间序列的形态和趋势都蕴含了大量的信息，而这些信息可以通过若干关键点来表示。然而很多时间序列分段和表示的方法都破坏了序列的形态，或者平滑掉了关键点。因此，针对金融时间序列的这一特点，本书提出了多层次极值点分段表示法（MEPS），在多个分段层次上保留对应的关键点（特征点）信息，从而能充分捕捉和表示时间序列的形态和趋势。

（2）在金融时间序列中不可能频繁出现形态完全一样的两条序列（子序列），但是具有相似形态的序列（子序列）却是非常常见的。针对金融时间序列的这一特点，本书首先提出了基于分层的动态时间弯曲相似性度量方法（HDTW），在不同层次上采用动态时间弯曲方法（DTW）对序列间的相似性进行度量。然后在 HDTW 算法的基础上进一步提出了改进方法（IHDTW），一方面对 DTW 方法进行了改进，另一方面在相似性度量的过程中考虑了趋势因素和均匀分布因素，进一步提高了相似性度量的准确性和效果。另外，用户的实际需求也是相似性度量过程中一个非常重要的因素，本书通过对事件的定义来抽象用户的实际需求，并提出了基于事件的时间序列相似性度量方法（SMBE），使得时间序列相似性度量的结果更加符合用户的实际应用需求。

（3）多元时间序列的跨事务关联规则挖掘可以发现不同时间序列在不同时间段发

生的事件之间的联系，对于准确预测金融时间序列的走势具有非常重要的意义。本书提出的 O－Apriori 算法（VSO－Apriori），构建频繁状态矩阵来存放项集的频繁状态，构建事务布尔矩阵来存放事务与项集的关系，只需在初始化阶段扫描一次数据库产生初始的频繁状态矩阵和事务布尔矩阵，并根据多元时间序列的跨事务关联规则的定义对递推寻找频繁 k 项集的过程进行约简，大大提高了关联规则挖掘的效率。然后提出了基于可变支持度的 O－Apriori 算法，设置变化的最小支持度阈值来对应不同级别的频繁项集，从而能够挖掘出更多有效的关联规则。最后提出了一种多元时间序列跨事务动态关联规则挖掘的方法（SI－DARM），采用滑动时间窗口的思想对关联规则的挖掘区间进行划分，对每个挖掘区间进行频繁项集的寻找和关联规则的挖掘，该算法能对多条实时的时间序列数据流进行动态关联规则挖掘，并能跟踪及表现频繁项集在不同挖掘区间的变化趋势。

（4）聚类分析也是金融时间序列挖掘中非常重要的一项内容，通常用来为其他的数据挖掘任务提供先期的分类结果。结合（2）中提出的时间序列相似性度量方法，本书首先提出了一种基于 IHDTW 的聚类算法，采用共享最近邻相似度（SNN）的思想构建序列间的相似性计数矩阵，利用相似性计数矩阵来寻找聚类中心序列，获得了较好的聚类效果。然后，提出了一种基于 SMBE 的层次聚类算法，该方法专门针对满足用户需求的事件相似性进行聚类计算，采用类间相似度和类间一般距离两个参数的比较作为判断类间距离的依据，大大提升了聚类的效果。最后提出了一种基于形态特征的多时间序列数据流的实时聚类算法，针对金融时间序列的特点，在数据概要设计中通过保留重要特征点的方式进行子序列特征信息的提取，在新的数据到来时采用动态滑动窗口设计保证了多条数据流之间的数据同步，该算法可以实现任意时刻的数据流聚类，并且能够实时追踪聚类结果的演化过程。

（5）综合运用（3）中提出的金融时间序列的关联规则挖掘算法和（4）中提出的金融时间序列的聚类算法，提出了金融时间序列的综合预测方法，并以实际的沪深 A 股交易市场的数据为例对预测方法进行了验证，该方法可以对 3 个交易日内股票价格的变化区间和 60 个交易日内股票价格变化的趋势进行比较准确的分析与预测。

第二章　时间序列数据挖掘研究及其应用

在时间序列挖掘过程中，首先需要解决两个关键的问题：一是时间序列的表示；二是如何对时间序列与时间序列之间以及时间序列的不同子序列之间的相似性进行度量。在这两个基础问题之上，可以进行时间序列数据挖掘的各种任务，包括：时间序列的分类与聚类、时间序列的关联规则挖掘与预测等。本章主要针对与本书研究内容相关的几个领域，结合现有的时间序列数据挖掘的研究进行综述，具体包括：时间序列的分段与表示方法、时间序列的相似性度量方法、时间序列的关联规则挖掘算法以及时间序列的聚类算法。

第一节　时间序列的分段与表示

把时间序列通过其他的方式进行表示通常是为了对原始数据进行维度约简。进行维度约简最直接的方式就是采样，设置采样率$\frac{m}{n}$，m 是时间序列的长度，n 是约简后的维数。直接使用采样点来表示时间序列的方法非常简单直观，但是，如果采样率太低，被采样的时间序列的形状容易被歪曲。因此有大量的学者针对“如何更好地表示时间序列”这一命题展开了研究。从整体上来看，时间序列的表示方法可以分为两大类：一是基于时域的表示方法，二是基于变换域的表示方法。

一、基于时域的分段与表示

1. 使用分段的特征值来表示序列

Keogh 等提出了分段累积近似方法（Piecewise Aggregate Approximation，PAA），该方法将时间序列分成等长的 k 段，并且使用每一段的平均值作为该段的 k 维特征矢量。这种方法的结果可以用任意的 L_p 范数来表示，算法非常快速并易于完成，但是该算法是等长分段的，并且平滑掉了时间序列的局部特征，造成了信息的遗漏和错误。为了修正等长分段带来的缺陷，Keogh 进一步提出了适应性分段常数近似法（Adaptive Piecewise Constant Approximation，APCA），该算法使用不同长度的分段来适应序列的形态，比 PAA 有更好的处理能力。除了使用分段的均值来表示序列的分段之外，也有一些其他的算法使用其他的分段特征值来表示序列，例如 Bagnall 等[5]使用分段的平均值作为比较参数，将每个序列数据点转换为位的形式。

2. 使用分段的近似曲线来表示序列

使用分段的近似曲线来表示序列主要有两种方法，一种是线性插值，一种是线性回归。Keogh 提出了一系列线性插值的方法。首先在 1997 年提出了分段线性表示法（Piecewise Linear Representation，PLR）。1998 年，Keogh 和 Pazzani 通过考虑分段的权重加强了 PLR 算法。1999 年，他们又在 PLR 算法中加入了用户的相关反馈。分段线性表示法具有很好的形态表示与分割能力，并且分段在形态上相对独立，可以对同一时间序列在不同分辨率下进行观察，具有较高的噪声过滤和数据抽象能力。文献［6］~［7］中均使用了该方法。

3. 使用重要特征点来表示序列

通过序列中的重要点来表示序列，约简序列的维度也是一种非常有效的方法。Chung 等首先提出了重要感知点（Perceptually Important Points，PIP）的概念并且在股票数据的技术模式匹配中进行应用。Perng 等使用界标模型来识别时间序列中的重要点进行相似性度量。Man 和 Wong 提出使用栅结构来表示时间序列中的高峰和低谷，这些点被称为控制点。Pratt 和 Fink 定义了极值点，并且选择某些极值点来表示时间序列而删除掉其他的点、这种方法过滤了较小的波动数据，保留了主要的极大值点与极小值点。

4. 使用符号化来表示序列

分段符号化的方法首先将时间序列分成若干段，然后对每一分段使用特征符号来表示。

Lin 等[8]提出了符号累积近似（Symbolic Aggregate Approximation，SAX）的方法，该算法在 PAA 算法的结果上进行转换，将序列表示为一个符号串。由于 SAX 是基于 PAA 的符号化表示方法，SAX 也就继承了 PAA 的缺陷，即 SAX 只能对时间序列段的均值进行符号表示，容易忽略时间序列形态变化和关键点的重要信息。针对这种情况，钟清流等[9]同时考虑均值和方差并且将它们转换为符号，实现二维空间下的符号化表示。Megalooikonomous 等提出使用码字来表示时间序列，这些码字来源于关键序列形成的码字表，这一工作在 2005 年被进一步扩展为基于多层次的方法。Morchen 和 Ultsch 提出一种无监督的离散化过程，该算法使用质量评分和持续状态作为离散化的依据，并在算法中考虑了时间因素。特别地，Wang 等使用矢量量化（Vector Quantization，VQ）来对时间序列进行符号化表示。它先将训练集中时间序列进行等长度分段，再利用传统的 VQ 算法对它们进行矢量量化表示，形成用符号表示的编码表。

另外，文献［10］中采用了符号化的方法来表示序列。

二、基于变换域的分段与表示

1. 离散傅立叶变换

离散傅立叶变换（Discrete Fourier Transform，DFT）也是一种时间序列表示与描述的常用方法。该方法最早由 Agrawal 等提出，Rafiei 和 Mendelzon 不断扩展了使用 DFT 进行相似性查询的方法。Janacek 等也是在离散傅立叶变换的频域内来进行时间序列的相似性度量。

该算法计算简便，能把时间序列信号的大部分能量集中到很少的几个系数中，时间复杂度也比较低。但是该算法在数据截取过程中舍弃了信号的高频成分，平滑了信号的局部极大值和极小值，造成了信息的遗漏，而且不适用于非平稳序列。

2. 离散小波变换

离散小波变换（Discrete Wavelet Transform，DWT）和离散傅立叶变换一样，是一种线性信号处理技术。Harr 小波是在离散小波变换中最常用的一种小波形式，能在更小的空间实现更快的计算速度。Shahabi 等提出了一种多层次的小波变换表示，Popivanov 和 Miller 展示了大量的能在时间序列表示中使用的小波形式。离散傅立叶变换和离散小波变换的对比在文献［11］中做了详细介绍。

在很多情况下，离散小波变换被证明比离散傅立叶变换更加有效[11]。一方面，离散傅立叶变换只能考虑频域特征，而离散小波变换可以同时考虑时域和频域的局部特征；另一方面，在同样的数据压缩情况下，离散小波变换能够更好地保留局部细节，能提供比离散傅立叶变换更精确的近似结果。但是在文献［11］中指出，离散小波变换并没有减少相对镜像误差，也没有提高相似性查询的准确性，从实验结果来看，离散小波变换与离散傅立叶变换的效果并没有太大差异。

3. 奇异值分解算法

奇异值分解算法（Singular Value Decomposition，SVD）是由 Korn 提出的，与其他方法相比，最大的不同在于它的变换全局处理方式。文献［12］考虑了对象的二维特性，对奇异值分解算法进行了扩展。文献［13］将奇异值分解算法和聚类算法相结合，解决高维空间数据的相似性问题。奇异值分解算法是一种重建误差最小的线性变换，可以较好地完成相似索引的功能，但是它的计算复杂度太大，并且经常需要重新计算索引，对于时间序列的大数据量的特性是非常不适合的。

三、其他方法

除了上述两种常用的时间序列表示方法，还有一些其他的表示和描述方法。例如文献［14］提出一种分段的多项式回归分析模型，实现了对时间序列的分段表示。文献［15］中采用进化计算的分段表示法。文献［16］提出了基于正交多项式的时间序列表示方法，它利用最小二乘法并结合正交多项式来拟合时间序列。另外还有基于模型的表示方法和基于模式的表示方法等。

第二节　时间序列的相似性度量

时间序列的相似性度量是时间序列分析和挖掘任务的基础。对于传统数据类型来说，相似性度量是精确度量，而对于时间序列来说，由于它的数值性和连续性，相似性度量是一种近似度量。对于时间序列挖掘来说，一种合适的相似性度量函数是非常重要的。相似性度量可分为两种：一种是全序列匹配，在相似性查询的过程中，使用整条查询序列的所有数据与其他候选序列进行相似性匹配；一种是子序列匹配，在相似性查询过程中，在被查询序列中需找与查询序列相似的子序列。全序列匹配和子序列匹配都需要计算相对应的序列之间的相似度，只是子序列匹配还需要增加对被查询序列的分段过程。

一、欧式距离

欧式距离是常用的一种相似性度量方法，大部分的时间序列都可以采用欧式距离或者 *Lp* 距离的某种形式来计算。它的优点是简单、直接，缺点是不具备多分辨率特性，无法有效体现时间序列的动态特征。欧式距离只能比较长度相同的两个时间序列之间的距离，对于序列的平移、压缩和拉伸非常敏感。

针对上述缺点，研究者提出了对欧式距离的各种改进算法。文献［17］先对时间序列进行均值规范化，然后再使用欧式距离进行计算。文献［15］提出了基于欧式距离的距离改进公式，通过加权改变了欧式距离中各点权重都相同的问题，加权后的方法具有消除变换偏移量、消除噪声和控制幅度缩放比例等优点。Agrawal 等提出了一种更广义的时间序列相似度定义，该定义显著改变了欧式距离算法对各种扰动的鲁棒性，但是此算法只能在一定程度上处理时间轴方向的位移和拉伸，并且需要用户来指定窗口的相关参数，当用户对数据不能完全了解的时候不能获得满意的计算结果。

二、动态时间弯曲距离

由于时间轴的微小变形都会引起欧式距离的巨大变化，所以欧式距离不适用于时间轴存在变形的时间序列的相似性度量。为了解决这一问题，研究者在相似性度量时根据实际情况对时间轴进行移动，在两条时间序列之间寻找一条对齐路径，使得两条序列之间的距离最小，从而得出更准确的度量结果。在这种思路的指引下，研究者提出了动态时间弯曲距离，该方法允许在时间轴上进行弹性移动来寻找两条时间序列之间在不同时间阶段的相似波形。

动态时间弯曲距离（Dynamic Time Warping，DTW）最初用于语音识别领域，由 Berndt 和 Cliford 引入到时间序列挖掘领域，现在已经广泛应用于生物信息、机器人技术、化学工程和医药研究等领域。动态时间弯曲距离支持时间轴上的伸缩，通过转换、扩张和压缩实现了两条序列的局部特征比较，可以用来计算不同长度的时间序列之间的相似度。但是该算法的计算代价比较高，是两条时间序列长度的乘积。

为了降低动态时间弯曲距离方法的计算复杂度，很多研究者提出了改进方法来加速动态时间弯曲方法。Fu 等[18]将 DTW 和 US（Uniform Scaling）结合起来用于时间序列查询，并采用多维索引技术来提升查询效率。Jeong 等[19]提出了一种加权的 DTW 来分类时间序列。Rakthanmanon 等[20]提出了一种基于 DTW 的快速时间序列查询方法，并将其扩展到模式发现、聚类、分类以及时间序列数据流的挖掘中。Sakurai 和 Zhou 等通过限制搜索范围和策略来提高算法的运行效率，以便快速实现时间序列的相似性搜索。Kim 等提出一种基于 DTW 相似性度量的索引技术。Chu 等提出一种迭代加深的 DTW 算法。Shou 等使用 APCA 算法来近似计算 DTW 距离的最低边界。

另外，Keogh 和 Pazzani 指出在 DTW 算法中，当出现一条序列中的单个点对应另一条序列中的长子序列时，会出现不准确的相似度度量结果。而且 DTW 算法不能发现两条时间序列之间一些非常明显的对应关系，例如峰值点、低谷点和拐点等。这主要是由于进行相似度计算的两条序列长度相差太大引起的。因此除了提高 DTW 的性能之外，还有很多改进方法着重提高 DTW 算法的准确度。Latecki 等提出一种最小方差匹配的方法（Minimal Variance Matching，MVM）来获得弹性的相似度匹配。Zhou 和 Wong 提出了分段时间弯曲距离（Segment - wise Time Warping，STW）。此外，文献［21］专门讨论了应用于音乐研究领域的个性化的 DTW 技术。

三、其他方法

除了欧式距离与动态时间弯曲距离之外，也有很多其他方法被提出来进行时间序列的相似性度量。Kim 等通过提取时间序列的最小值和最大值及第一个和最后一个数据点来构建四元组特征空间，通过欧氏距离计算时间序列之间的四元组特征向量元素的最大距离来近似度量它们的相似性。Lin 等利用直方图方法来对时间序列的袋装模式 BOP 进行相似性度量。Sajjipanon 等通过分形特性来对时间序列进行有效的度量及分析。Ge 和 Smyth 采用马尔可夫模型对时间序列做波形匹配。Chen 等采用基于直方图的时间序列表示来进行相似性度量。此外文献［22］~［24］提出了各种进行相似性度量的方法。

第三节　时间序列的关联规则挖掘

一、关联分析概述

关联规则是数据挖掘中非常重要的一项任务，首先是由 Agrawal 等提出，用来发现购物篮数据事务中各项集之间的联系。继 Agrawal 等的开创性工作以后，在关联规则的理论研究方面产生了大量的研究工作。Gunopoulos 等证明了挖掘最大频繁项集问题和超图遍历之间的关系，并推出关联规则分析任务复杂度的上限。Zaki 等和 Pasquier 等使用形式概念分析研究频繁项集产生的问题，Zaki 等随后提出了频繁闭项集的理论。许多年来，已经出现并定义了各种类型的关联规则，如轮廓关联规则、环关联规则、模糊关联规则、负关联规则、加权关联规则、事务间关联规则、依赖关联规则和局部分类规则等。关联规则分析也成功应用于序列数据、空间数据和基于图的数据。

在关联规则的实现技术方面也有大量的研究成果。Chen 等提出了一种分布的、基于 OLAP 的多层关联规则挖掘的框架。Dunkel 和 Soparkar 研究了 Apriori 算法的时间和存储复杂度。Han 等提出了 FP 增长算法。Park 等提出了 DHP 算法来寻找频繁项集。Toivonen 提出了基于抽样的频繁项集产生算法，该算法只需要扫描一次数据库，就能产生较多的候选项集。动态项集计数（Dynamic Itemset Counting，DIC）算法需要扫描数据库 1.5 次，但是产生的候选项集少于基于抽样的算法。其他的需找频繁项集的算法包括基于划分的算法、树投影算法和 H – Mine 等。Hidber 和 Cheung 等还提出了挖掘关联规则算法的联机和增量版本。Li 等考虑了在项集约束下挖掘关联规则的问题。Ng 等也进一步研究了基于约束的关联规则挖掘技术，对不同项集的支持度施加约束。另外，在文献［25］～［26］中也研究了这一类问题。

二、时态关联规则挖掘

从连续数据中挖掘关联规则的问题由 Srikant 和 Agrawal 提出，他们将分类属性二元化，将连续属性离散化。另外他们还提出了部分完备性度量，使用该度量来确定需要离散化区间的个数，以确保损失的信息量可以保持在一个期望水平。Aumann 和 Lindell 开发了基于统计学的方法，这一方法被 Webb 和 Zhang 等进一步扩展。Min – Apriori 算法由 Han 等提出，在不离散化的情况下发现连续数据中的关联规则。文献［27］～［28］也讨论了连续数据的关联规则挖掘问题。

对时间序列进行关联规则挖掘最常用的方法就是将时间序列离散化为分段，然后为每一分段赋予一个符号，再对符号化的序列进行关联规则挖掘。Das 等对子序列进行聚类来寻找符号，然后应用简单的规则挖掘方法来寻找隐含规则。张忠林等提出一种把灰色 Markov 模型应用到动态关联规则趋势度挖掘中的方法。董泽坤等提出了多元时间序列跨事务关联规则分析的方法（ES – Apriori），可以寻找序列中不同采样点观察值之间相互影响的关系。

Last 等提出了基于信号处理技术的发现模糊关联规则的方法。崔晓军等在模糊日历代数基础上，结合增量挖掘和累进计数的思想，提出了一种基于模糊日历的模糊时序关联规则挖掘方法。王炳雪借助模糊集来软化时间序列属性论域的划分边界，从而研究时间序列局部形态的模糊关联规则挖掘的方法。另外文献［29］～［30］也讨论了时间序列模糊关联规则的算法。

Leigh 等提出了基于启发式技术图的金融规则发现方法。Hoppner 研究团队提出了一种发现时态关联规则的框架，使用时间序列分段所在期间的属性来表示分段，比如上升、高值和凸点等。Hetland 和 Saetrom 研究团队提出了基于遗传算法和专用硬件的规则挖掘方法，并在时间序列的演化规则预测中讨论了离散化的问题。

秦亮曦等对基于片段模式的多时间序列关联分析进行了研究。朱天等也提出了基于时间段的频繁闭模式挖掘算法，采用时间段的概念，利用频繁闭模式生成相应的时序规则。Yu 等讨论了并行的基于 TID 的频繁模式挖掘算法。宋卫林等对最大频繁项目序列集挖掘算法进行改进，有效解决了序列视图数据库的规则挖掘问题。Tseng 等讨论了在数据流中寻找高效频繁项集的方法。吴大岳等基于概念格理论，研究了对时间序列的波动情况进行周期关联规则挖掘的问题。Tarek 等提出了一种增量更新的时序关联规则挖掘算法。Yong 等和 Edi 等讨论了基于间隔的时序关联规则的方法。另外文献［31］～［33］中讨论了时序关联规则的算法与应用。

三、动态关联规则挖掘

传统的关联规则算法都是基于规则的支持度和置信度两个重要指标，并且认为关联规则在事务数据库中是永远有效的，没有考虑到关联规则的变化，我们把这些称为静态关联规则算法。但是由于事务数据通常是具有时间特性的，随着时间的推移关联规则会发生变化，因此，考虑规则的变化更加符合实际情况。

张忠林等提出了数据库中的动态关联规则技术，给出了动态关联规则元规则的形式化定义，并采用自回归 Markov 模型来挖掘动态关联规则的元规则，更好地反映了规则随时间变化的动态信息。刘俊等描述了一种基于时间序列模型的预测和分析动态关联规则的元规则的方法，从而较好地拟合历史数据，挖掘规则的变化趋势。荣冈等介绍了两种挖掘动态关联规则的算法，不仅可以发现规则随时间变化的情况，还能够预测规则的发展趋势。Khan 等提出了基于双支持框架的 Apriori 算法，使用滑动时间窗口和变化的双支持度来发现持续模式和跳跃模式，从而预测时间序列的发展趋势。Chun 等提出了一种在数据流中发现有效的时态频繁项集的方法。Tzung 等提出一种算法来发现实时的有效频繁项集，找到在当前时间窗口中的频繁模式。此外，文献［34］~［35］都介绍了动态时间关联规则挖掘的相关算法与应用。

第四节　时间序列的聚类分析

一、时间序列的模式发现与聚类

从时间序列数据中发现频繁出现并且令人感兴趣的模式是时间序列挖掘中非常重要的一项任务，这项任务被称为模式发现并在很多领域得到了应用。Yamanishi 和 Takeuchi 提出了一种基于概率模型的在线学习框架来监测时间序列数据流的变化。Mahoney 和 Chan 提出了一种基于 Gecko 算法的在线监测方法。对于时间序列的模式发现任务来说，最常用的方法就是基于距离的聚类。但是随着时间序列数据的增加，聚类算法的时间也不断增加。因此需要寻找有效的方法来对大量的时间序列进行压缩。实现时间序列数据压缩最简单直接的方法就是数据采样。但是采样算法必须保留原数据的形态，否则将对聚类结果产生影响，Fu 等提出一种方法来解决这一问题，它采用了一种神经网络聚类的方法——自组织图来进行模式发现。SOM 是一种特别的聚类方法，将 SOM 用于时间序列聚类的包括：Morchen 等在医学领域采用了出现特征图，Kuo 等使用 K 线图分析作为 SOM 的输入来进行金融时间序列的预测以及 Wang 等提出在使用 SOM 之前使用数据的全局特征来选择特征值。Moller - Levet 等采用模糊 c 均值法来对短时间序列进行分析，根据短时间序列在幅度和时序上的相对变化来进行序列的相似性度量。Lin 等采用小波的多层次特征提出了任意时间的划分聚类方法。Bargiela 和 Pedrycz 讨论了基于粒状数据的模糊 c 均值聚类法。郑诚等提出了一种大规模多变量时间序列聚类的方法。刘永利等提出了基于快速动态时间规划的模糊聚类算法。另外，Lin 等又提出了基于多层次 PAA 的多层次聚类方法。

ARMA 模型和 ARIMA 模型也被用来进行时间序列的聚类分析。Kalpakis 提出了基于 ARIMA 模型的聚类方法。Xiong 和 Yeung 使用 ARIMA 模型与 EA 算法的混合方法来进行不等长时间序列的聚类。Bagnall 和 Janacek 使用 ARMA 模型获得聚类数据，然后使用 K 均值法进行聚类。HMM 也是一种在聚类分析中经常采用的模型。Yin 和 Yang 等将传感器时间序列数据转换为等长的矢量，然后使用 HMM 进行谱聚类。

有很多研究者提出先把时间序列转化为特征值代表的序列，然后再进行聚类。Papadimitriou 等使用 PCA 方法对时间序列数据流的关键趋势进行提取，并对多条时间序列进行聚类和模式发现。Yu 和 Papadimitriou 也探讨了对时间序列的每个层次进行关键趋势提取的方法。Udechukwu 等提出将时间序列先转换为符号形式，然后建立后缀树来进行频繁模式挖掘。Lin 等和 Keogh 等提出采用 SAX 表示法来提高时间序列聚类和模式发现的性能。此外文献［36］~［37］也讨论了时间序列的聚类算法与应用。

二、数据流聚类

近年来，针对实时数据流的数据挖掘和知识发现已成为数据挖掘领域的一个研究热点，数据流聚类也引发了大量的研究。在数据流上进行聚类，其基本任务就是要在对当前数据进行聚类的同时，随着新数据的不断流入，动态地调整和更新聚类的结果以真实反应数据流的聚类形态。数据流聚类算法必须满足以下要求。

（1）由于计算机内存容量有限，不可能将数据流信息全部存储于内存，因此必须定义一个能反映当前数据流特征的概要数据结构来进行数据流信息的存储与维护。

（2）算法必须具备很短的响应时间，能够满足相应用户在任意时间的聚类要求，算法处理的速度要比较快。

（3）算法要实现单遍扫描或者有限次扫描，一般只能按照数据点流入的顺序访问一次或几次。

1. 基于划分的方法

Guha 等最早提出在占用较少内存、计算时间短、单遍扫描的约束下基于数据流模型进行聚类，提出一种基于改进 K－means 的数据流聚类算法。随后，Babcock 等采用指数直方图来实现两个聚类的合并，提高了 K－means 算法在数据流中的性能。Charikar 等使用 K－median 算法进行数据流聚类，克服了文献中的递增的近似问题。Ordonez 等提出了对于二进制数据流聚类的改进方法，采用了增量式的 K－means 算法。另外文献［38］和文献［39］中也对此进行了讨论。基于划分的方法是早期数据流聚类的一种主流方法，该方法能够在内存建立和维护反映数据流特征的概要数据信息，但是对高维数据流无法处理、对噪声敏感以及无法进行演化分析是这类方法普遍存在的问题。

2. 基于层次的方法

传统的基于层次的聚类方法是由聚类特征构成一种树形结构来实现聚类，在数据流环境下，要求聚类方法能够增量地维护和更新聚类特征树结构来反映不断流入的数据点的特征。Clustream 算法是一个典型的层次算法，改进了 BIRCH 中的聚类特征，提出一种针对实时数据流聚类的处理框架。该框架将数据流聚类分为在线微聚类和离线宏聚类过程，前者负责提取数据流特征，在线维护聚类特征向量，后者负责响应用户请求，实现用户指导的宏聚类。这种双层的数据流聚类框架在后来的研究中被很多学者认可和借鉴。Aggarwal 等提出了一种高维数据流聚类的方法 HPStream，使用高维投影技术和衰减结构来处理高维数据流。HPStream 算法对高维数据流具有很好的健壮性，很好地解决了 CluStream 算法对高维数据效果较差的问题。另外在文献［40］中也提出了一种基于层次的模糊数据流聚类方法，该算法使用了五种进化模型来反映数据流的演化过程。

3. 基于网格密度的方法

Cao 等提出了 DenStream 算法，该算法沿用了 CluStream 算法中的双层结构，并引入了潜在微聚类簇和孤立点微聚类簇结构。随着数据流的不断进化，该算法可以识别在某一时间段内可能演变成聚类簇的孤立点或潜在聚类，从而能够更加准确地捕获真实的数据流聚类形态，但是该算法的聚类结果对参数的设置非常敏感。陈羽中等针对经典 CluStream 算法的在线微簇聚类过程中限制微簇数量的增长，对微簇进行强制合并，使其在线聚类结果受到影响，导致数据流聚类质量不高，且难以适应海量大数据等问题，提出了一种基于时态密度特征的改进 CluStream 聚类算法。韩东红等在改进面向确定数据的聚类算法 DENCLUE 的基础上，提出一种可处理数据不确定度的 UDENCLUE 算法，以降低数据的不确定性对聚类结果产生的影响。另外文献［41］也提出了基于质心距离和密度网格的数据流聚类的算法，使用网格结构来进行数据流的聚类。

4. 其他方法

除了以上这些在传统聚类方法上的改进算法之外，在数据流聚类领域也出现了一些新的研究方向。郑祺等采用在线/离线两阶段处理框架，利用引力相似度为每个不断到达的数据元组寻找可能归属的微簇，以新的离群点处理和在线维护机制来适应数据流的演化情况，在不需要预先指定聚类数的情况下即可处理任意形状的微簇。程军锋根据蜂群算法的相关理论定义聚类过程中相关的参数、微簇聚类特征结构等，设计出了基于人工蚁群算法的数据流聚类算法。周华平等对历史元组和近期元组分别赋予一定的权重进行处理，然后依据数据流流速的不同函数改变窗口的大小，从而实现数据流的聚类。另外还有基于高斯混合模型的不确定数据流聚类方法和分布式的数据流聚类算法。

第五节　时间序列挖掘在金融行业的应用

时间序列分析与挖掘被广泛应用于各个领域，例如金融、气象、医学及电力等。在金融领域中，股票的价格序列、股票指数序列以及汇率的变化序列等都属于时间序列。对这些数据进行分析可以得到金融数据之间的关联，了解金融市场的规律与趋势，监测金融市场上的异常等。金融时间序列挖掘已经成为当前数据挖掘技术研究和应用的热点之一，有大量金融行业的研究者和实践者将时间序列数据挖掘的方法应用于金融领域的实践中，并获得了较好的实际应用效果。

（1）股票市场分析。

将金融时间序列数据挖掘应用于股票交易市场，可以找出股票运行的内在规律，发现交易数据中潜在的规律以及投资者感兴趣的震荡模式，从大量股票中找到具有相似波动规律的时段。

宋咏谦等使用相似性搜寻技术寻找与上证综指具有相似走势的个股，并且结合股票的技术分析形态，寻找具有 W 底和 M 头走势的个股。兰秋军等提出了时间序列事件征兆模式挖掘方法，并对中国沪深股票交易市场的股票价格序列数据进行挖掘，利用挖掘出的局部预测模式来验证中国股市的有效性和股票收益率的短期可预测性。文献［42］研究了一种股票交易决策规则挖掘系统，由投资者提供买卖序列模板并确定相似度量偏好，系统根据个人的偏好特性识别股票市场的形态，自动发出买卖信号。曲文龙[43]提出了基于小波和支持向量机的复杂时间序列预测方法，结合神经网络方法对股票数据进行预测，并使用上海证券综合指数的真实数据进行了实验验证。文献［43］通过频繁模式分析来刻画汇率市场的波动性，通过模式匹配对走势做出分析和预测。另外庄家的行为也会在股票市场上留下痕迹，可以通过对股票数据进行分析来识别庄家对股票的操纵行为，文献［44］提出了一种数据鲁棒距离，并在此基础上进行金融数据的快速聚类，可以有效地发现庄家的股票操纵行为。

（2）金融交易过程监控。

金融交易市场中的数据量大、交易行为复杂，为金融交易过程的监管和控制带来很大的困难。利用数据挖掘技术可以对金融市场中的可疑行为和异常状态进行识别，有利于金融交易市场的监管和金融市场秩序的维护。

汤俊等提出了基于时间序列相似度的离群模式检测方法，通过基于重要点的时间序列线段拟合方法来描述序列的整体波动规律，克服了一般时间序列分析方法复杂度高且缺乏对整体趋势的反映的缺陷，可以有效地对离群模式进行判断。李时提出了基于模糊概念的量化关联规则挖掘方法，将数据属性域转化为一组模糊概念，使结果简单明了，便于理解，该算法被用于反洗钱工作中对可疑金融交易进行识别。文献［45］也提出了一种挖掘洗钱路径信息的方法，设计了洗钱资金异常转移路径的经济成本模型，利用经济成本最小原则构造合理路径集合和异常路径集合，并通过异常路径集合筛选可疑的洗钱行为。文献［46］提出了一种基于 FP－Tree 的最大频繁项集挖掘算法，该算法可根据用户需求来调节候选项集的个数，同时可以确定挖掘主属性及生成的关联规则的范围，能够为有效的开展金融交易识别提供有益的参考。卢正鼎等利用知识属性集分析离群点，通过组间的相似度来发现离群模式，既可以回避离群点数量少的缺陷，又对离群点的隐含语义进行了利用，该模型能检测出可疑的资金流动序列，为反洗钱工作提供有效的线索。

（3）金融市场整体环境的分析。

使用金融时间序列挖掘方法还可以对整体的金融投资环境进行分析。文献［47］采用聚类分析的方法来比较分析上海证券交易市场的上市公司和香港证券交易市场的上市公司，通过多层次的比率分析，通过构建基于 Web 和金融比率分析的公司多层聚类系统来帮助用户做出正确的选择和投资行为。文献［48］提出了一种基于多重分形的时间序列聚类算法，该算法能根据不同的分析目的使用不同的概率函数和序列的多重分形特征进行聚类，通过此方法可以发现证券交易市场上的行为类似的上司公司。文献［49］通过分析不同证券品种的历史数据，来寻找进行异常投资的机会，使得收盘价达到既定的目标利润。

第三章 金融时间序列的分段与表示

金融时间序列的分段与表示是金融时间序列挖掘的基本问题，是相似性度量、关联规则挖掘以及聚类分析的基础。大量的学者已经对时间序列分段与表示的问题进行了研究，也提出了很多时间序列分段与表示的方法。但是这些方法大多数是通用性的，没有考虑时间序列的实际应用背景，并不能完全适用于各种时间序列。本章将结合金融时间序列的特性提出时间序列的分段与表示方法。

第一节 时间序列的分段与表示方法

由于金融时间序列的特点，本书主要在时间域上对时间序列的分段与表示进行研究，本节也只简单介绍几种基于时域的时间序列分段与表示的方法。

（1）分段线性化表示。

分段线性化[6]是使用直线段序列来近似原始数据，具体过程如下：设时间序列为 $R\{r_1, r_2, \cdots, r_n\}$，先将其均匀分为 k 个直线段 $\{R_1, R_2, \cdots, R_k\}$，其中 $k=\frac{n}{3}$，当 n 不为 3 的整数倍时，最后一段可以包含 4 或 5 个点。每个直线段 R_i（$i=1, 2, \cdots, k$）与原始数据之间都有残差，定义 R_i 与原始数据的残差为 $e_i=\frac{\sum_{j=1}^{l} d_j^2}{l}$，其中 d_j 表示 R_i 中第 j 个点与对应原始数据点之间的距离，l 是直线段 R_i 中点的数目，e_i 表征了直线段与原始数据之间的近似程度。对于由 k 个直线段近似的时间序列，定义其误差为 $B_k=\text{std}(e_1, e_2, \cdots, e_k)$（std 为标准差）。合并相邻的两条直线段，使得合并后的 B_k 较小，最后选择使 B_k 最小的近似作为最终的近似。

（2）界标点表示法。

界标是指时间序列曲线上很重要的点，例如极值点、最值点和拐点。界标点表示法的基本思想是把原始序列转化为界标序列，以界标序列作为原序列的近似来进行相似性的比较。界标点表示法是一种更加接近于人类思维的方法，让一个人在短时间内记住图形的最有效的方法就是记住波形的每个转折点，然后将转折点连接起来。界标点表示法对于人们的决策是很有用的，如股票投资者希望在最低点买入在最高点卖出。

定义 3－1（界标点）：界标点是指时间序列中那些很关键的点或事件，在不同的应用领域会产生不同的标志点，从简单的局部最大点、最小点和拐点到比较复杂的结构都可以定义为界标点。从数学角度来定义即是当某个曲线的 n 阶导数为 0 时，则该点为 n 阶界标点。因此局部最大最小点为 1 阶界标点，拐点为 2 阶界标点。

实际数据中往往含有噪声，因此会产生多余的标志点，可以采用最小距离和百分比原则（Minimal Distance/Percentage Principle，MDPP）对界标点序列进行平滑处理。

定义 3－2（MDPP 方法）：给定界标序列 $\{(t_1, x_1), (t_2, x_2), \cdots, (t_i, x_i), \cdots (t_n, x_n)\}$，$t_i$ 和 x_i 分别为第 i 个界标的时间标识和序列值，最小距离 d 表示两个界标点之间的最小间隔，最小百分比 p 表示两个界标点之间幅值变化的最小程度。如果满足公式（3－1），那么可将（t_i，x_i）和（t_{i+1}，x_{i+1}）从界标序列中删除，如图 3－1 所示。

$$t_{i+1} - t_i < d，且 \frac{|x_{i+1} - x_i|}{(|x_{i+1}| + |x_i|)/2} < p \qquad (3-1)$$

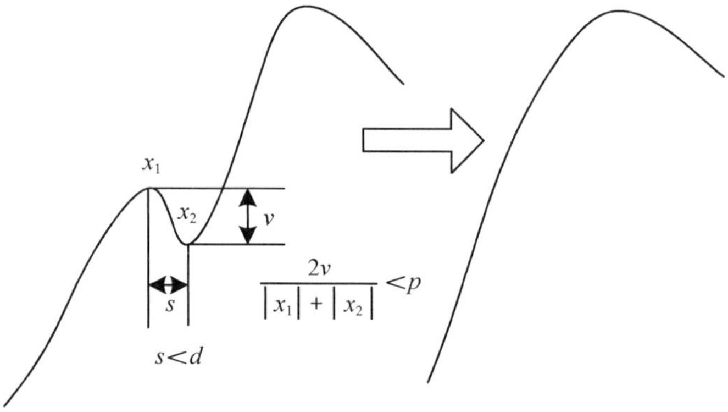

图 3－1　MDPP 方法示意图

定义 3－3（界标法的相似性判断）：设有时间序列 X 和 Y，令 L_x 和 L_y 分别表示序列 X 和 Y 经 MDPP（d，p）平滑过的界标序列，若 $|L_x| = |L_y|$，且存在变换 T_1，$T_2 \in T$，使得距离 $\delta_{time}(T_1(L_x), T_2(L_y)) < \varepsilon_{time}$ 且 $\delta_{amp}(T_1(L_x), T_2(L_y)) < \varepsilon_{amp}$，则称序列 X 和 Y 相似。其中 T 为一组基本变换，δ_{time} 是时间轴上的错误允许阈值，ε_{amp} 是幅度错误允许阈值。

（3）趋势序列表示。

趋势序列的表示是基于有限的趋势象征符号对时间序列进行重新描述，用由趋势象征符号形成的趋势序列来代替原来的时间序列。趋势序列是通过两个时间序列的移动平均线的相互作用产生的，即长期移动平均线和短期移动平均线。

设有时间序列 $s(t)$，其中 $t=0, 1, \cdots, n-1$。设 $M_m(t)$ 是 $s(t)$ 的 m 期平均值，$M_k(t)$ 是 $s(t)$ 的 k 期平均值（$m<k$）。设短期移动平均值的包迹线为 e，包迹线是指移动平均线周围 $e\%$ 的曲线。那么，将六个趋势象征符号如下定义。

1）上升（↑），当 $M_k(t) < M_m(t)$ 且 $s(t) < M_m(t) - M_m(t) \times e\%$。即短期移动平均值在长期移动平均值的上方，而且时间序列的当前值并未穿过包迹线的下线。

2）上升（▲），当 $M_k(t) < M_m(t)$ 且 $M_m(t) - M_m(t) \times e\% < s(t)$ 或者 $M_k(t) < M_m(t) < s(t)$。该符号与上升（↑）相似，但是时间序列的当前值已经穿过包迹线的下线。

3）实正方形（■），当 $M_k(t) < M_m(t)$ 时的原始数据点的位置，即短期移动平

均线上穿长期移动平均线的位置。

4）空正方形（□），当 $M_m(t) < M_k(t)$ 时的原始数据点的位置。

5）下降（▼），当 $M_m(t) < M_k(t)$ 且 $s(t) < M_m(t) + M_m(t) \times e\%$ 或者 $s(t) < M_m(t) < M_k(t)$。

6）下降（↓），当 $M_m(t) < M_k(t)$ 且 $M_m(t) + M_m(t) \times e\% < s(t)$。

在此基础上可以定义趋势相似性的定义为两个趋势序列中对应位置趋势值相等的点的个数与所有趋势点的个数的比值，当比值为1时，两个趋势序列完全相似，当比值为0时，两个趋势序列完全不相似。

第二节　金融时间序列的特性

金融市场是一个由社会、经济、心理等诸多因素综合作用的复杂系统，作为其外在表现的金融时间序列具有不同于其他一般时间序列的特点。以股票市场为例，通常会通过绘制价格来表现市场行为，比如绘制股票的收盘价格曲线图，或者合并开盘价、收盘价、高价和低价形成阴阳烛形图。收盘价格曲线图和阴阳烛形图都属于金融时间序列。在传统的技术分析中，这两种图中的关键点都包含了非常重要的信息，往往成为分析者进行股票走势分析的重要依据。例如在图3-2展示的“头肩顶”的股票形态中，点 p_1，p_2 和 p_3 就是三个重要的关键点。同样在图3-3展示的“乌云罩顶”的股票形态中，点 p'_1，p'_2 和 p'_3 就是三个重要的关键点。在很多情况下，金融时间序列的形态和趋势都蕴含了大量的信息，而这些信息可以通过若干关键点来表示。然而很多时间序列分段和表示的方法都破坏了序列的形态，或者平滑掉了关键点。因此本章将提出适合金融时间序列的分段及表示方法，最大限度地保留关键点信息，从而更好地捕捉时间序列的形态和走势。

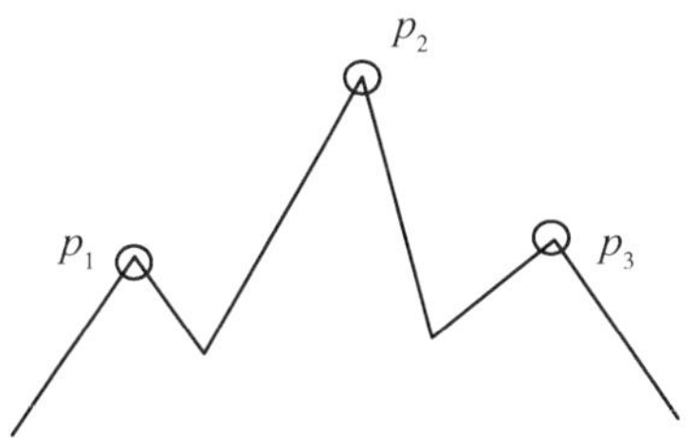

图3-2　“头肩顶”的股票形态

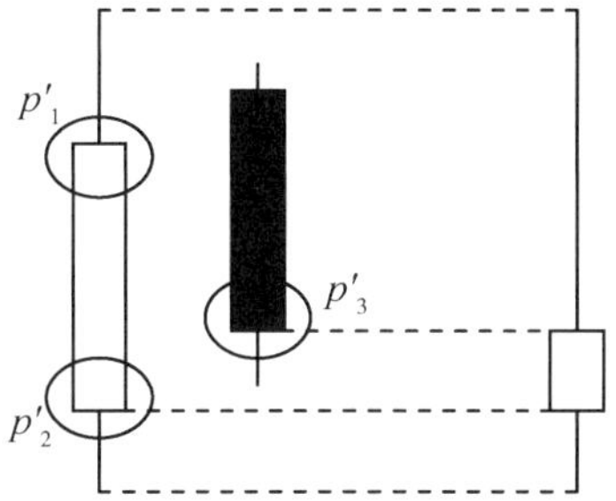

图3-3　“乌云罩顶”的股票形态

第三节　基于重要极值点特征的分段表示法

一、绝对极值点分段表示法

绝对极值点分段表示法（Absolute Extreme Point Segmentation，AEPS）的基本思想就是在时间序列的分段过程中每次寻找一个极值点作为分段点，该分段点可能是极大值点也可能是极小值点。设有时间序列 S（s_1，s_2，…，S_n），现将 S 划分为 m 段。具体步骤如下（相应的伪代码描述见图3－4）。

（1）识别第一个绝对极值点 s_i（$1<i<n$），s_i 与 s_1 和 s_n 构成的直线距离最远，S 被划分为两段 S_1（s_1，…，s_i）和 S_2（s_i，…，s_n）。

（2）分段计数 $k=2$。

（3）取长度最大的分段 S'，识别其绝对极值点 s'，s'距离分段 S'首尾点构成的直线距离最远，S'被划分为两段。

（4）更新各分段数据，分段计数 $k=k+1$。

（5）若 $k<m$，则跳转到步骤（3），否则，分段完毕。

```
Function AEPS (S, m)
    Input: Sequence S [1, 2, …, n]
           Integer m
    Output: List P [1, 2, …, m-1]
    Begin
       For k = 1 to m-1
          选择长度最大的分段 S′
          寻找点 S [i] 使得其到分段 S′首尾点的连线距离最远
          P [k] = i
       Endfor
       Return P [1, 2, …, m-1]
    End
```

图3－4　绝对极值点分段表示法的伪代码

二、均匀极值点分段表示法

绝对极值点分段表示法（AEPS）中识别出的极值点可能是最大极值点，也可能是最小极值点。在实际的分段过程中，最大极值点与最小极值点的分配往往很不均匀，且大多数情况下都以最大极值点为主。然而，从保留时间序列的形态和趋势角度来看，最大极值点与最小极值点的重要性应该是均等的。因此，使用均匀极值点分段表示法（Uniform Extreme Point Segmentation，UEPS）对时间序列进行分段，每次识别出一对极值点，包括最大极值点和最小极值点。

设有时间序列 S（s_1，s_2，…，s_n），现将 S 划分为 m 段。具体步骤如下（相应的伪代码描述见图 3－5）。

（1）识别第一个均匀极值点对（s_i，s_j），s_i 是与 s_n 和 s_n 构成的直线距离最远的极大值点，s_j 是与 s_1 和 s_n 构成的直线距离最远的极小值点，S 被划分为三段。

（2）分段计数 $k=3$。

（3）取长度最大的分段 S'，识别其均匀极值点对（s'，s''），s'是距离分段 S'首尾点构成的直线距离最远的极大值点，s''是距离分段 S'首尾点构成的直线距离最远的极小值点，S'被划分为三段。

（4）更新各分段数据，分段计数 $k=k+2$。

（5）若 $k<m$，则跳转到步骤（3），若 $k<m$，则执行步骤（6），否则，跳转到步骤（7）。

（6）合并长度相差最小的两相邻分段，若存在多组符合条件的相邻分段，则合并长度总数最小的两相邻分段。

（7）分段完毕。

```
Function UEPS（S，m）
   Input：Sequence S [1，2，…，n]
          Integer m
   Output：List P [1，2，…，m－1]
    Begin
      For k＝1 to m－2
         选择长度最大的分段 S'
          寻找点（S [i]，S [j]），使得 S [i] 是到分段 S'首尾点构成的直线距离最远的极大
      值点，S [j] 是到分段 S'首尾点构成的直线距离最远的极小值点
          P [k] ＝i，P [k＋1] ＝j
          k＝k＋2
      Endfor
      If 列表 P 有 m 个元素
          Then 合并长度相差最小的两相邻分段，若存在多组符合条件的相邻分段，则合并长度
               总数最小的两相邻分段
          Endif
          Return P [1，2，…，m－1]
   End
```

图 3－5　均匀极值点分段表示法的伪代码

三、多层次极值点分段表示法

绝对极值点分段表示法（AEPS）和均匀极值点分段表示法（UEPS）都是把序列点到分段首尾连线的距离作为判断重要关键点的依据，这种判断重要关键点的方法存在以下问题。

（1）重要关键点的判断完全依赖于分段首尾点的位置，同一个序列点在不同的分段中会得到不同的判断结果。如图 3－6 所示，当分段的首尾点为 p_s 和 p_e 时，点 p 到达 p_sp_e 的距离是最大的，因此点 p 被选为重要关键点；但是当分段的首尾点为 p_s 和 p'_e 时，点 p 到达 $p_sp'_e$ 的距离小于点 p' 到达 $p_sp'_e$ 的距离，因此点 p 不是重要关键点，而点 p' 被选为重要关键点。

（2）更新操作变得非常困难。当新的序列点到来时，判断的基准——分段的末端点发生变化，从而导致以前的重要关键点都随之发生变化，更新操作的工作量很大，很难实现增量更新。

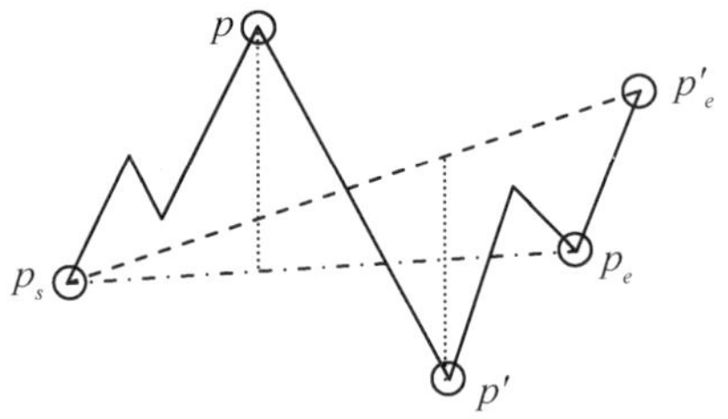

图 3－6　不同分段下重要关键点的判断

本节将提出多层次极值点分段表示法（MEPS，Multi－level Extreme Point Segmentation），该方法使用序列点与其邻域内的相邻点之间的关系作为重要关键点的判断依据，从而很好地规避了前两种算法中存在的问题。

1．获取重要性标识序列（Important Identity Sequence Retrieval，IISR）

设有时间序列 S（s_1，s_2，…，s_n）。cyc 表示最大邻域范围，对于任一序列点 s_i，其对应的最大邻域范围为（s_{i-cyc} · s_{i+cyc}）。重要性标识序列 TAG（tag_1，tag_2，…，tag_n）表示时间序列 S 中每一序列点的重要程度，对于任一序列点 s_i，其对应的重要性标识值为 tag_i。序列 TAG 中的标识值按照如下规则获取，获取序列 TAG 的伪代码如图 3－7 所示。

（1）若序列点 s_i 在邻域（s_{i-1}，s_{i+1}）内为最大值点，则 $tag_i=1$，若序列点 s_i 在邻域（s_{i-1}，s_{i+1}）内为最小值点，则：$tag_i=-1$。

（2）若序列点 s_i 在邻域（s_{i-2}，s_{i+2}）内为最大值点，则 $tag_i=2$，若序列点 s_i 在邻域（s_{i-2}，s_{i+2}）内为最小值点，则：$tag_i=-2$。

（3）以此类推，若序列点 s_i 在邻域（s_{i-j}，s_{i+j}）内为最大值点，则 $tag_i=j$，若序列点 s_i 在邻域（s_{i-j}，s_{i+j}）内为最小值点，则 $tag_i=-j$，其中 $j \leqslant cyc$。

```
Function ISR (S, cyc)
    Input: Sequence S [1, 2, …, n]
           Integer cyc
    Output: List TAG [1, 2, …, n]
    Begin
        初始化序列 TAG [1, 2, …, n]
        For i = 1 to cyc
            For j = 1 to n
                If TAG [j] = i - 1 and JEP [S, i, j] = 1
                    Then TAG [j] = TAG [j] + 1
                Else
                    If TAG [j] = - (i - 1) and JEP [S, i, j] = -1
                        Then TAG [j] = TAG [j] - 1
                    Endif
                Endif
            Endfor
        Endfor
        Return TAG [1, 2, …, n]
    End
Function JEP (S, m, v)
    Input: Sequence S [1, 2, …, n]
           Integer m
           Integer v
    Output: Integer Flag
    Begin
        If S_v ≥ S_{v+m}
            Then Flag = 1
        Else Flag = -1
        EndIf
    End
```

图 3-7 获取重要性标识序列的伪代码

2. 获取多层次分段结果（Multi-level Segmentation Retrieval，记为 MSR）

重要性标识序列 TAG（tag_1，tag_2，…，tag_n）表示时间序列 S 中对应的任一序列点的重要程度，标识值的绝对值越大，则对应序列点的重要性程度越大。根据序列 TAG 可获得不同层次的分段结果，具体规则如下，对应的伪代码如图 3-8 所示。

（1）在序列 S 中查找重要性标识绝对值不小于 1 的点作为分段点，获得第 1 层次的分段结果。

（2）在序列 S 中查找重要性标识绝对值不小于 2 的点作为分段点，获得第 2 层次的分段结果。

```
Function MSR (S, TAG, c)
    Input: Sequence S [1, 2, …, n]
        List TAG [1, 2, …, n]
        Integer c
    Output: Sequence CP [i] (1≤i≤c)
    Begin
        For i = 1 to c
            For j = 1 to n
                If | TAG [j] | ≥i
                    Then 将点 s_j 加入序列
CP [i]
                EndIf
            Endfor
            Return CP [i]
        Endfor
    End
```

图 3－8　获取多层次分段结果的伪代码

(3) 以此类推，在序列 S 中查找重要性标识绝对值不小于 j 的点作为分段点，获得第 j 层次的分段结果，其中 $j \leqslant cyc$。

3. 示例说明

本小节将使用一个简单的示例对多层次极值点分段表示法（MEPS）进行说明。时间序列 S 的数据如表 3－1 所示，对应的图示见图 3－9（a）。cyc 的值设置为 5。重要性标识序列 TAG 初始化为（6，0，0，0，0，0，0，0，0，6）。第 1 次循环生成 TAG（6，1，0，－1，1，－1，1，0，－1，6），可以得到分段点序号为 2，4，5，6，7，9，即获得第 1 层次的分段结果。第 2 次循环生成 TAG（6，2，0，－2，1，－1，2，0，－2，6），可以得到分段点序号为 2，4，7，9，即获得第 2 层次的分段结果。第 3 次循环生成 TAG（6，3，0，－3，1，－1，2，0，－2，6），可以得到分段点序号为 2，4，即获得第 3 层次的分段结果。第 4 次循环生成 TAG（6，4，0，－4，1，－1，2，0，－2，6），可以得到分段点序号为 2，4，即获得第 4 层次的分段结果。第 5 次循环生成 TAG（6，4，0，－5，1，－1，2，0，－2，6），可以得到分段点序号为 4，即获得第 5 层次的分段结果。从第 1 层次到第 2 层次的变化见图 3－9（b），从第 2 层次到第 3、4 层次的变化见图 3－9（c），从第 4 层次到第 5 层次的变化见图 3－9（d）。最后，图 3－10 展示了多层次分段的结果。

表 3－1　时间序列 S 的数据

序号	1	2	3	4	5	6	7	8	9	10
取值	537.87	558.75	536.37	516.46	537.35	520.69	601.98	570.24	554.04	738.61

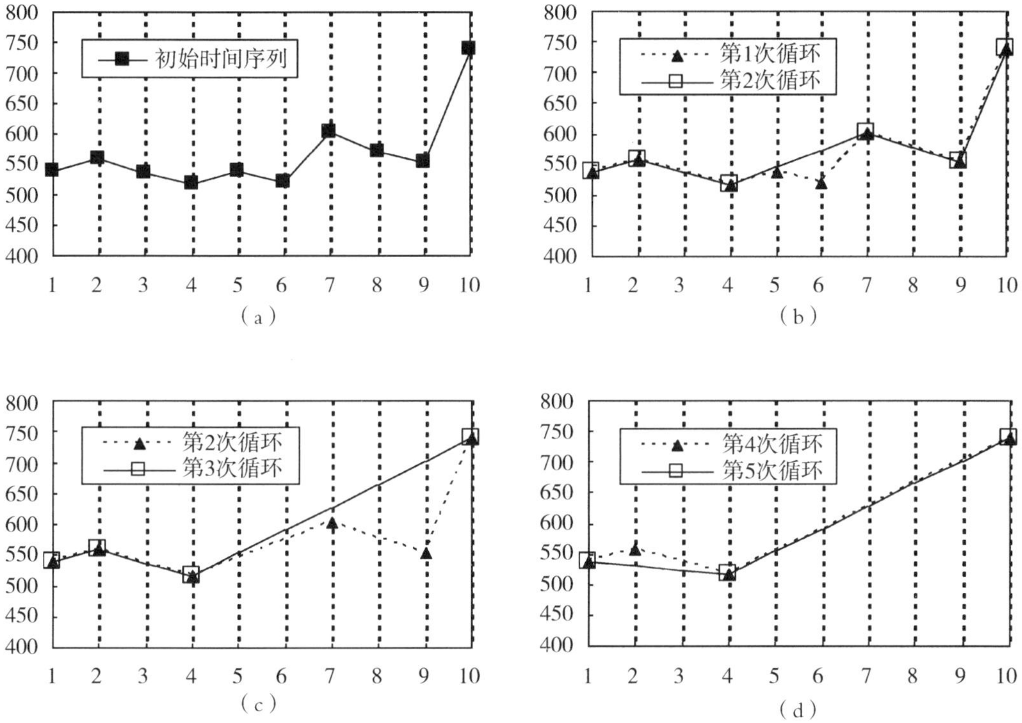

图3-9　多层次极值点分段表示法的简单示例

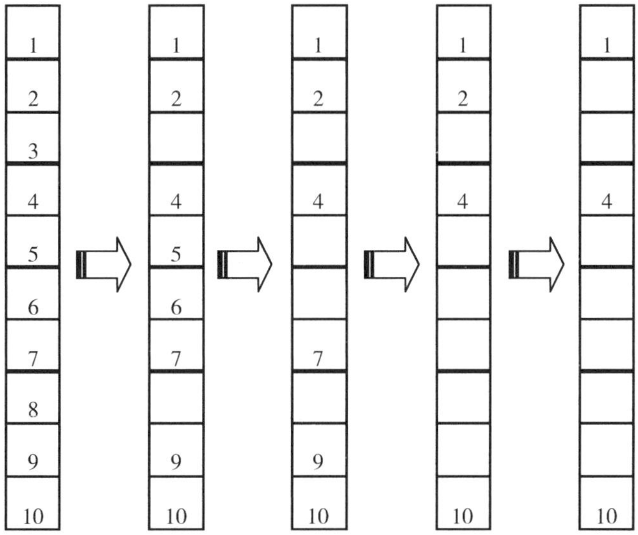

图3-10　多层次分段的结果

四、距离的度量

在绝对极值点分段表示法（AEPS）和均匀极值点分段表示法（UEPS）中都要对点到分段首尾点构成的直线距离进行计算。实验将分别采用欧式距离，正交距离和垂线距离进行计算。

（1）欧式距离（Euclidean Distance）。

如图 3－11 所示，点 p 到点 p_s 与点 p_e 构成的直线 l 的欧式距离（记为 ED）如公式（3－2）所示。

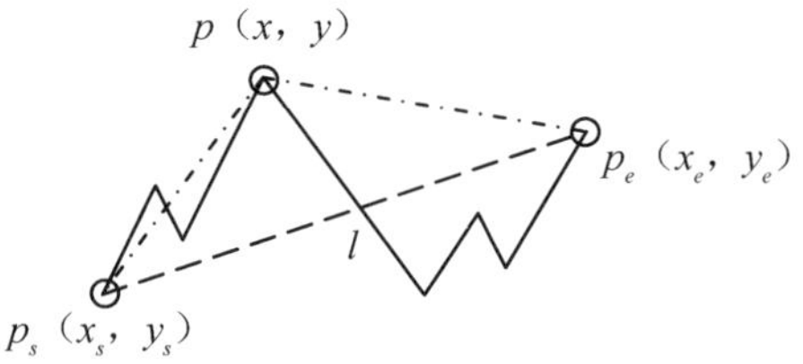

图 3－11　点 p 到直线 l 的欧式距离

$$ED(p,\ l) = \sqrt{(x-x_s)^2 + (y-y_s)^2} + \sqrt{(x-x_e)^2 + (y-y_e)^2} \qquad (3-2)$$

（2）正交距离（Perpendicular Distance）。

如图 3－12 所示，点 p 到点 p_s 与点 p_e 构成的直线 l 的正交距离（记为 PD）为点 p 到点 p_l 的距离，如公式（3－6）所示，其中点 p 与点 p_l 构成的直线与 l 正交。

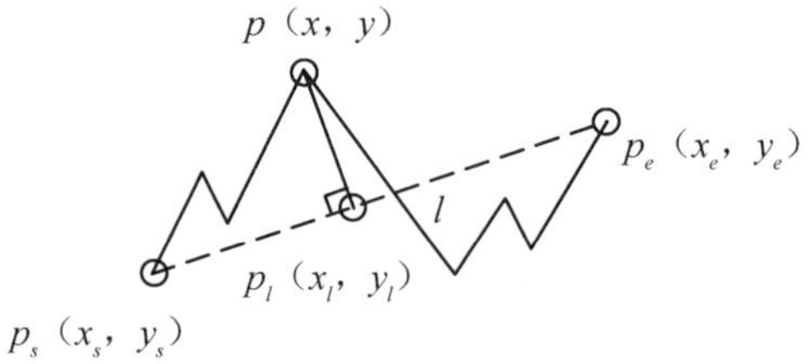

图 3－12　点 p 到直线 l 的正交距离

$$k = \frac{y_e - y_s}{x_e - x_s} \qquad (3-3)$$

$$x_l = \frac{x + k \cdot y - k \cdot y_s + x_s \cdot k^2}{1 + k^2} \qquad (3-4)$$

$$y_1 = \frac{y_s + k \cdot x - k \cdot x_s + y \cdot k^2}{1 + k^2} \qquad (3-5)$$

$$PD(p,\ p_l) = \sqrt{(x-x_l)^2 + (y+y_l)^2} \qquad (3-6)$$

（3）垂线距离（Vertical Distance）。

如图 3－13 所示，点 p 到点 p_s 与点 p_e 构成的直线 l 的垂线距离（记为 VD）为点 p 到点 p_h 的距离，如公式（3－7）所示，其中点 p 与点 p_h 构成的直线与 x 轴正交。

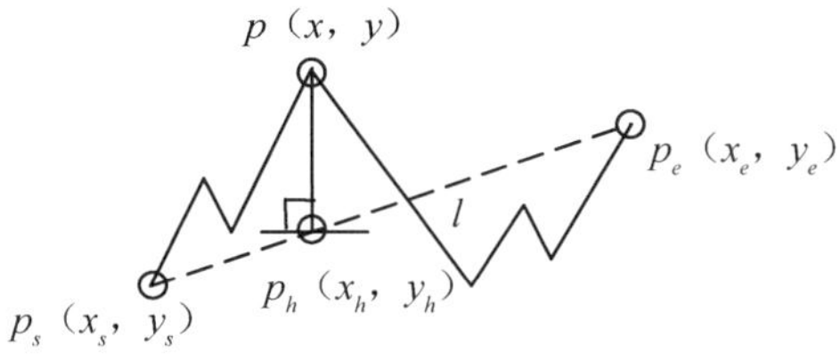

图 3-13　点 p 到直线 l 的垂线距离

$$VD(p, p_h) = |y - y_h| = \left| y - \left(y_s + \frac{y_e - y_s}{x_e - x_s}(x - x_s) \right) \right| \quad (3-7)$$

第四节　三种极值点分段法的实验对比与分析

一、实验对比方案与框架

（1）数据集。

中国沪深 A 股交易市场 2008 年 1 月到 2009 年 12 月的股票每日收盘价格构成的时间序列集，从中随机抽取 10 只股票的数据构成数据集。数据集中的股票名称及代码为：四川九洲（000801）、太钢不锈（000825）、浪潮信息（000977）、新和成（002001）、瑞泰科技（002066）、中纺投资（600061，现名国投资本）、国电南自（600268）、敦煌种业（600354）、文一科技（600520）和济川药业（600566）。

（2）实验方案。

实验一：使用绝对极值点分段表示法（AEPS）对数据集中的 10 只股票分别进行分段计算，实验中分别采用欧式距离（ED），正交距离（PD）和垂线距离（VD）进行距离计算，并比较分段数取 3～70 区间上的平均分段误差。

实验二：使用均匀极值点分段表示法（UEPS）对数据集中的 10 只股票分别进行分段计算，实验中分别采用欧式距离（ED），正交距离（PD）和垂线距离（VD）进行距离计算，并比较分段数取 3～70 区间上的平均分段误差。

实验三：使用多层次极值点分段表示法（MEPS）对数据集中的 10 只股票分别进行分段计算，对每一层次的分段结果进行分析并计算其平均分段误差，并与实验一和实验二中最好的分段结果进行比较。

（3）分段误差的计算方法。

将每一分段的首尾两端点相连构成的直线 l 作为该分段的拟合曲线，计算直线 l 与分段的距离作为该分段的误差。设有时间序列 $S\ \{s_1, s_2, \cdots, s_n\}$，将 S 分为 k 段可得到分段集合 $U\ \{U_1, U_2, \cdots, U_k\}$，设 $U_i = \{p_{i1}, p_{i2}, \cdots, p_{im}\}$，$m$ 为 U_i 中点的个数。若 $p_{i1}p_{im}$ 连接构成的直线为 l_i，设 l_i 上与 U_i 对应的点集合为 $\{p'_{i1}, p'_{i2}, \cdots, p'_{im}\}$，则分段 U_i 的分段误差如公式（3-8）所示，将时间序列 S 分为 k 段的误差如公式（3-9）所示。

$$\varepsilon i = \sqrt{(p_{i1} - p'_{i1})^2 + (p_{i2} - p'_{i2})^2 + \cdots + (p_{im} - p'_{im})^2} = \sqrt{\sum_{j=1}^{m} (p_{ij} - p'_{ij})^2} \tag{3-8}$$

$$\eta = \frac{\sum_{i=1}^{k} \varepsilon i}{k} \tag{3-9}$$

二、实验结果分析与评价

1. 实验一的结果分析

本实验比较在绝对极值点分段表示法（AEPS）中三种不同距离度量方法（欧式距离 ED、正交距离 PD 和垂线距离 VD）的优劣。实验选取了数据集中 10 条不同的股票时间序列数据，并以 10 条股票序列在多个分段上的平均误差作为分析评价的依据。

图 3－13 展示了在绝对极值点分段表示法（AEPS）中三种不同的距离度量方法在分段数目取 3 至 70 对应的平均分段误差值的变化，从图 3－14 中可以看到，三种距离度量的方法都是遵循分段数越多平均分段误差越小的规律，并且它们的平均分段误差值是非常接近的。为了得到更加清楚的对比结果，在图 3－15 中展示了从 20 至 50 的误差

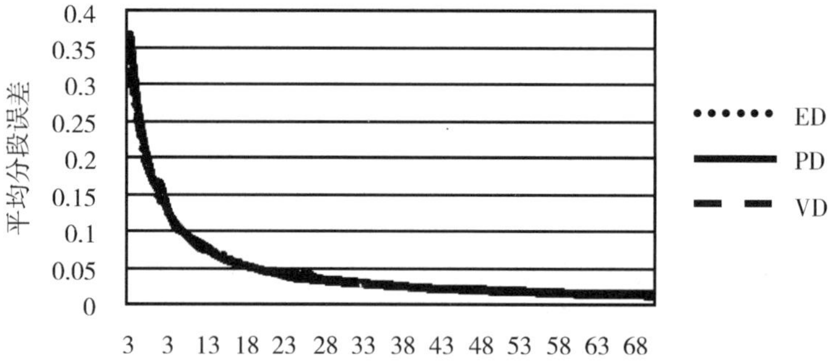

图 3－14　AEPS 中分段数目取 3 至 70 的平均分段误差值的变化

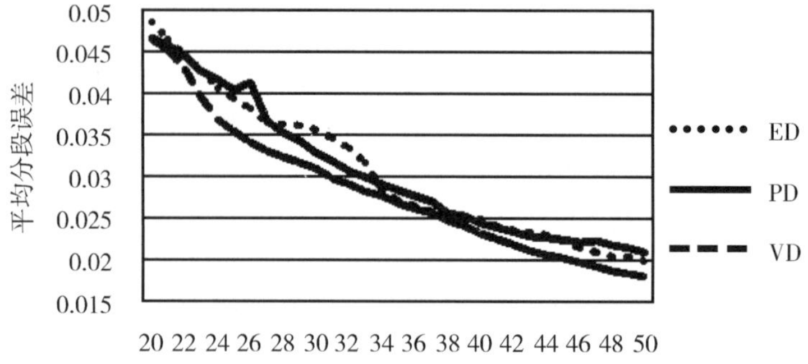

图 3－15　AEPS 中分段数目取 20 至 50 的平均分段误差值的变化

变化情况，从图 3 - 15 中可以看到，距离度量方法 PD 在分段数取 24 至 28 内平均分段误差值有一些波动，然后一直呈下降趋势，距离度量方法 ED 在分段数取 26 至 34 内平均分段误差值有一些波动，然后也一直呈下降趋势，而距离度量方法 VD 在整个分段区间中一直呈现下降趋势，并且在每一个分段数目上都能获得最小的平均分段误差值。同样从图 3 - 16 中可以看到，PD 方法的总平均分段误差值是最大的，而 VD 方法的是最小的。因此在绝对极值点分段表示法（AEPS）中使用垂线距离 VD 作为距离度量方法的效果是最好的。

2. 实验二的结果分析

本实验比较在均匀极值点分段表示法（UEPS）中三种不同距离度量方法（欧式距离 ED，正交距离 PD 和垂线距离 VD）的优劣。实验选取了数据集中 10 条不同的股票时间序列数据，并以 10 条股票序列在多个分段上的平均误差作为分析评价的依据。

图 3 - 17 展示了在均匀极值点分段表示法（UEPS）中三种不同的距离度量方法在分段数目取 3 至 70 时对应的平均分段误差值的变化，从图 3 - 17 中可以看到，三种距离度量的方法都是基本遵循分段数越多平均分段误差越小的规律，并且它们的平均分段误差也是非常接近的。为了得到更加清楚的对比结果，在图 3 - 18 中展示了从 20 至 50 的误差变化情况，从图 3 - 18 中可以看到，距离度量方法 PD 在分段数取 21 至 24 内平均分段误差值有非常小的波动，然后一直呈下降趋势，距离度量方法 ED 在分段数取 26

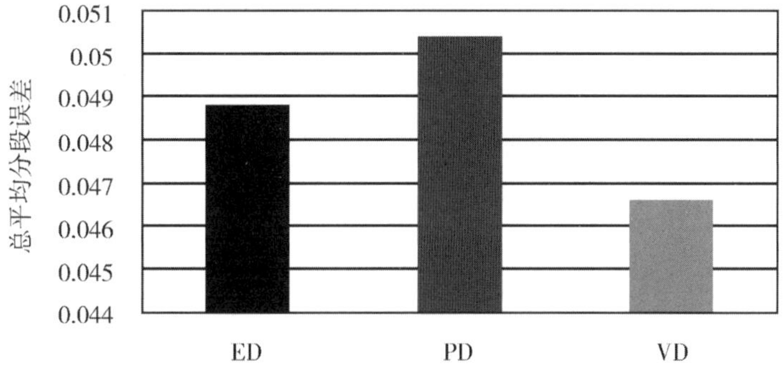

图 3 - 16　AEPS 中三种距离度量方法总平均分段误差值比较

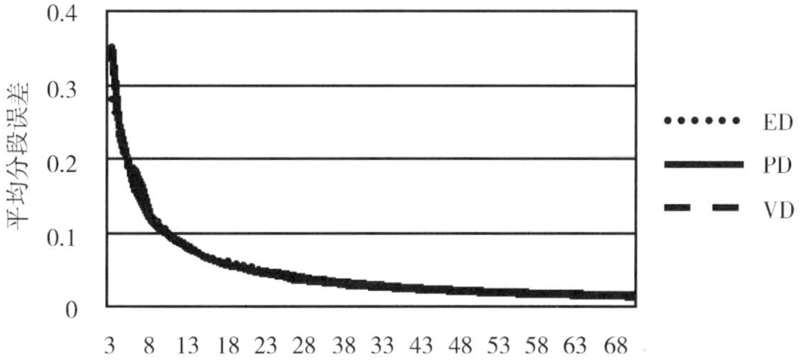

图 3 - 17　UEPS 中分段数目取 3 至 70 的分段平均误差值的变化

至31内平均分段误差值有一些波动，然后也一直呈下降趋势，而距离度量方法VD在整个分段区间中基本一直呈现下降趋势，并且在每一个分段数目上都能获得最小的平均分段误差值。同样从图3-19中可以看到，PD方法的总平均分段误差值是最大的，而VD方法的是最小的。因此在均匀极值点分段表示法（UEPS）中使用垂线距离VD作为距离度量方法的效果是最好的。

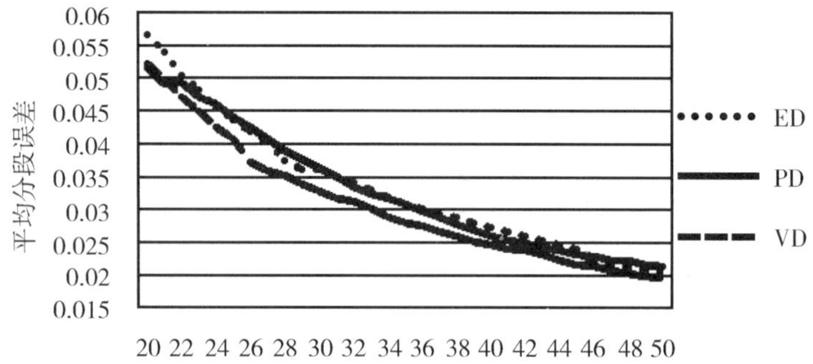

图3-18　UEPS中分段数目取20至50的分段平均误差值的变化

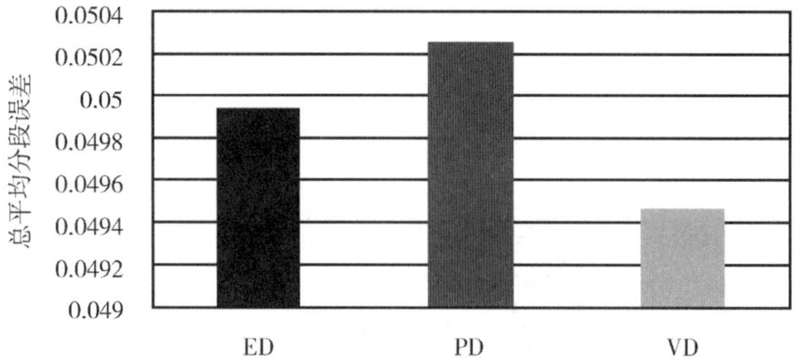

图3-19　UEPS中三种距离度量方法总平均分段误差值比较

3. 实验三的结果分析

使用多层次极值点分段表示法（MEPS）对时间序列进行分段时无法得到任意分段数目的分段。因此在实验中，对每一条时间序列在MEPS算法中得到的所有分段数目在3至70的结果进行比较。例如对第1条时间序列使用MEPS算法进行分段，在分段数目取3至70时可以得到分段数目为6，7，8，10，11，12，15，16，17，18，19，20，22，25，26，29，33，40，47和61的分段结果，那么在绝对极值点分段表示法（AEPS）和均匀极值点分段表示法（UEPS）中分别选取对应的分段数的结果与MEPS算法进行比较。由于在实验一和实验二中已经验证使用垂线距离（VD）进行度量具有较好的效果，所以在AEPS算法和UEPS算法中都采用使用VD得到的分段误差值进行比较。第1，6，7，10条时间序列的比较结果分别如图3-20，图3-21，图3-22和图3-23所示。

从图3-20至图3-23中的展示可以发现，与AEPS算法和MEPS算法一样，使用MEPS算法得到的分段误差的总体趋势也是随着分段数目的增加而逐渐减少的，只是在

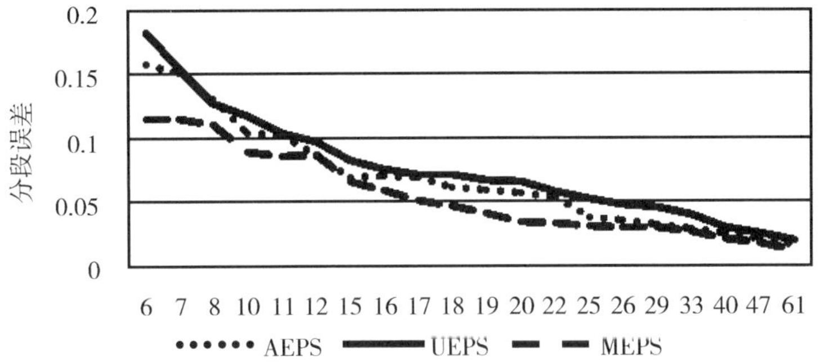

图 3－20 第 1 条时间序列的三种分段算法的对比

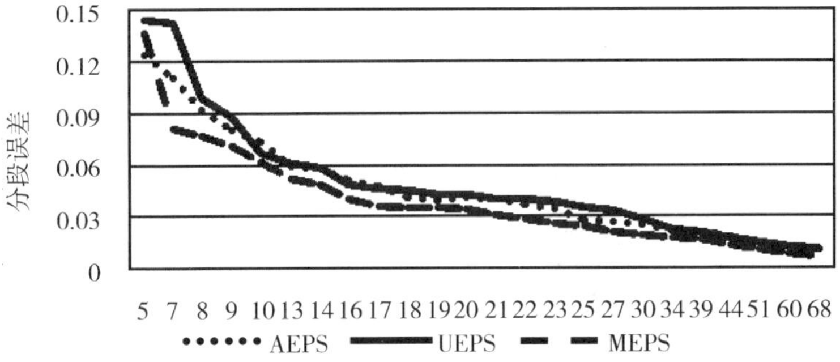

图 3－21 第 6 条时间序列的三种分段算法的对比

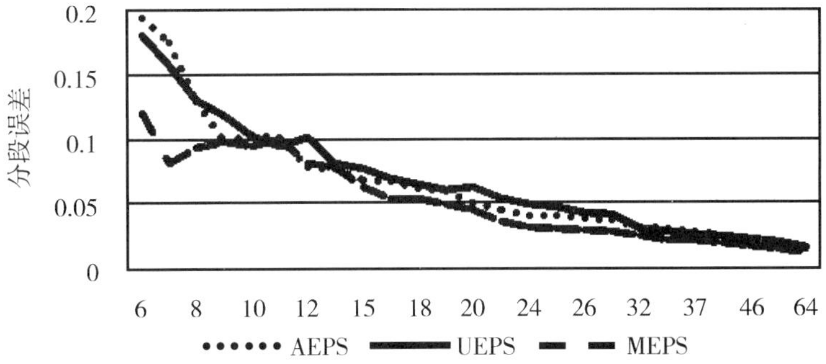

图 3－22 第 7 条时间序列的三种分段算法的对比

不同的时间序列分段结果中，下降趋势的程度有所不同。另外在每一个对应的分段数目上，MEPS 算法都能获得最小的分段误差值，尤其在分段数目位于中间区段时，MEPS 算法的优势更加明显。例如在第 1 条时间序列的分段数目取值在 15 至 30 时，在第 6 条时间序列的分段数目取值在 10 至 30 时，在第 8 条时间序列的分段数目取值在 10 至 30 时以及在第 10 条时间序列的分段数目取值在 10 至 40 时。

图 3－24 展示了三种算法在 10 条时间序列上的总平均分段误差的比较，MEPS 算法的误差值为 0.491 433，AEPS 算法的误差值为 0.606 383，UEPS 算法的误差值为 0.654 038。MEPS 算法的误差值与 AEPS 算法相比减少了接近 20%，与 UEPS 算法相比

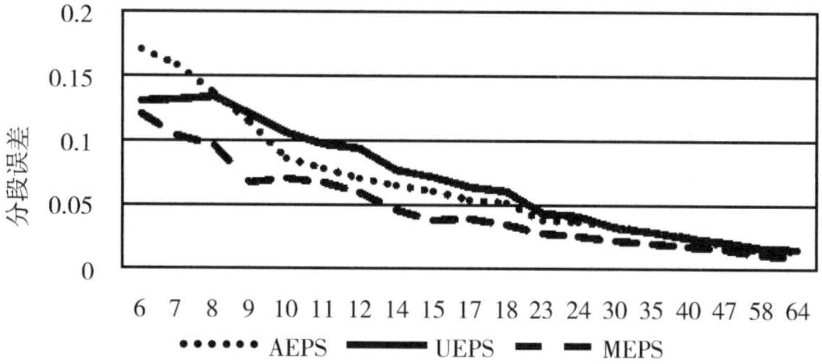

图3－23 第10条时间序列的三种分段算法的对比

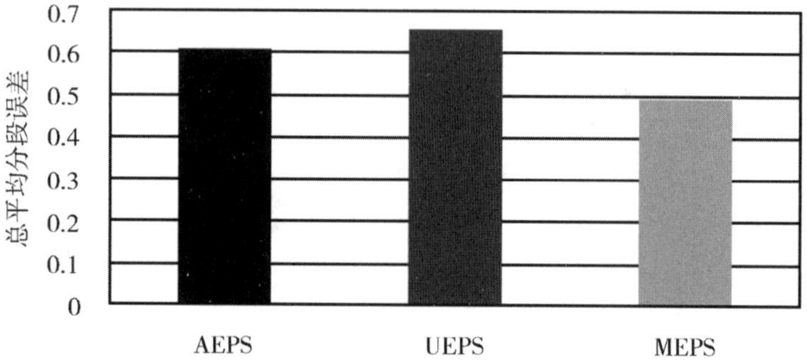

图3－24 三种算法的总平均分段误差值的对比

也减少了接近25%。

综合实验三中得到的三种分段算法的误差值数据，可以得到结论：从分段的效果而言，MEPS算法是显然优于AEPS算法和UEPS算法的。

第五节 本章小结

针对金融时间序列需要保留形态特征及其对应关键点的信息的特点，本章提出了几种金融时间序列的分段与表示方法，通过识别重要的特征点来对时间序列进行分段与表示。绝对极值点分段表示法（AEPS）每次选择一个重要特征点（极大值点或极小值点）作为分段点，均匀极值点分段表示法（UEPS）每次选择两个重要的特征点（极大值点和极小值点）作为分段点，多层次极值点分段表示法（MEPS）对每个点的重要程度进行分级，可以得到多层次上的分段结果，每一层次代表一个重要程度等级上的分段点和分段表示结果。从实验结果来看，在同样的分段数目情况下，多层次极值点分段表示法（MEPS）能获得比绝对极值点分段表示法（AEPS）和均匀极值点分段表示法（UEPS）更好的分段效果，但是，多层次极值点分段表示法（MEPS）无法获得任意分段数目的分段表示结果。

第四章　金融时间序列的相似性度量

近年来，时间序列数据的大量使用已经引发了在数据挖掘领域的各种研究。然而，无论是分类、聚类还是关联规则挖掘，都需要解决时间序列的相似性度量问题，相似性度量方法的研究是时间序列数据挖掘的基础[50]，选取的度量方法是否得当直接影响到时间序列挖掘的效果。金融时间序列是一类非常重要的时间序列，曲线形态和波动形态是其主要的特征。在金融时间序列数据集中不可能频繁出现形态完全一样的两条序列（子序列），但是具有相似形态的序列（子序列）却是非常常见的，因此，设计符合金融时间序列特点的相似性度量方法对于挖掘金融数据中的隐含模式与规律具有非常重要的意义。

第一节　时间序列的相似性度量方法

一、欧式距离

欧式距离（Euclidean Distance，ED）是最直观的时间序列相似性度量的方法，基于欧式距离的相似性定义把序列看作多维空间中的点，用点的距离来度量序列之间的相似度。设两长度相等的序列 $X=\{x_1,\ x_2,\ \cdots,\ x_n\}$ 和 $Y=\{y_1,\ y_2,\ \cdots,\ y_n\}$，把它们看作 n 维空间中的坐标点，则定义欧式距离函数 $L_2(X,\ Y)=\sqrt{\Sigma_{t=1}^{n}(x_t-y_t)^2}$ 和阈值 ε。若满足 $L_2(X,\ Y)\leqslant\varepsilon$，则称序列 X 和 Y 是相似的。欧式距离的扩展是明可夫斯基距离（Minkowski Distance），距离函数如公式（4－1）。

$$L_p(X,\ Y)=(\sum_{t=1}^{n}|x_t-y_t|^p)^{\frac{1}{p}} \qquad (4-1)$$

当 $p=1$ 时是曼哈坦距离（Manhattan Distance），当 $p=2$ 时是欧式距离，当 $p=\infty$ 时是以最大的距离分量作为距离。Keogh 和 Kasetty[51] 比较了包括欧式距离在内的 12 种距离定义，发现欧式距离的效果是最好的。在实际过程中，欧式距离也是最常用的一种方法。相似性度量函数直接取距离函数是一种最简单而直观的方法，其计算复杂度与序列长度呈线性关系，具有很好的伸缩性，序列长度的增加不会造成计算复杂度的迅速增长。但是，欧式距离的度量方法对时间轴的变形非常敏感，一些轻微的改变就会导致欧式距离发生很大变化，而时间序列又大多存在各种复杂变形（如平移、伸缩和间断等），且变形时间和变形程度都无法预料，因此，欧式距离不太适合于直接对时间序列进行相似性度量。另外，当两条时间序列的长度不同时，使用欧式距离也无法进行相似性比较。

二、动态时间弯曲距离

动态时间弯曲（Dynamic Time Warping，DTW）技术最初被应用于文本数据匹配和视觉模式识别的研究领域。Berndt 和 Clifford 将其引入了时间序列分析中。由于欧式距离对于时间轴的变形非常敏感，近年来，动态时间弯曲技术已经越来越多地使用在时间序列的相似性度量研究中，它可以对不同长度的时间序列进行相似性度量，其稳定性已经得到了广泛验证[50]。

定义 4－1（动态时间弯曲距离）假设有两条时间序列 X 和 Y，X 的长度为 m，Y 的长度为 n，分别表示为 $X=x_1, x_2, \cdots, x_i, \cdots, x_m$ 和 $Y=y_1, y_2, \cdots, y_j, \cdots, y_n$，那么时间序列 X 和 Y 上任意两点之间的动态时间弯曲距离如公式（4－2）。

$$\gamma(i, j) = \{\{d(x_i, y_j)\}^2 + \{\min\{\gamma(i-1, j-1), \gamma(i-1, j)\ \gamma(i, j-1)\}\}^2\}^{\frac{1}{2}} \tag{4-2}$$

$$D=\begin{bmatrix} d(x_1, y_1) & d(x_1, y_2) & \cdots & d(x_1, y_n) \\ d(x_2, y_1) & d(x_2, y_2) & \cdots & d(x_2, y_n) \\ \vdots & \vdots & & \vdots \\ d(x_m, y_1) & d(x_m, y_2) & \cdots & d(x_m, y_n) \end{bmatrix} \tag{4-3}$$

对于时间序列 X 和 Y 构建一个 $m\times n$ 阶的距离矩阵 D，如公式（4－3）所示。距离矩阵 D 的第 (i, j) 个元素就是时间序列 X 中的点 x_i 和时间序列 Y 中的点 y_j 之间的距离 $d(x_i, y_j)$（一般情况下采用欧式距离的平方，即 $d(x_i, y_j) = (x_i-y_j)^2$）。两个点 x_i 和 y_j 之间的动态时间弯曲距离是一种累积距离，即 $\gamma(i, j)$ 是从元素 (x_1, y_1) 到元素 (x_i, y_j) 的最小累积距离。

将两个序列 X 和 Y 分别置于二维坐标的两轴，如图 4－1 所示。定义弯曲路径为距离矩阵 D 上某些元素构成的连续集，记为 $P=\{p_1, p_2, \cdots, p_k, \cdots, p_K\}$。这个路径定义了时间序列 X 和 Y 之间的一个映射，沿着路径进行比较可以得到 X 与 Y 之间的最短距离。弯曲路径满足的条件如下：

（1）有界性：即 $\max(m, n) \leqslant K \leqslant m+n-1$。

（2）边界条件：$p_1=d(x_1, y_1)$，$p_k=d(x_m, y_n)$。即弯曲路径的起止元素为距离矩阵 D 对角线上的两端元素。

（3）连续性：给定 $p_k=d(x_u, y_v)$，$p_{k-1}=d(x_{u'}, y_{v'})$，则要求 $u-u'\leqslant 1$ 和 $v-v'\leqslant 1$。即弯曲路径的相邻元素在矩阵中也是相邻的。

（4）单调性：给定 $p_k=d(x_u, y_v)$，$p_{k-1}=d(x_{u'}, y_{v'})$，则要求 $u-u'\geqslant 0$ 和 $v-v'\geqslant 0$。即路径 P 通过点 D_{ij}，同时必须至少通过点 $D_{(i-1)j}$，$D_{i(j-1)}$ 和 $D_{(i-1)(j-1)}$ 中的一点，强制保证路径必须是在时间轴上单调增长。另外弯曲路径的行走区域被限制在距离矩阵 D 的斜对角线两侧附近，如图 4－1 中的虚线所示。

在计算时间序列 X 和 Y 之间的距离时，满足上述条件的路径有很多，但是以最短的那条路径的长度作为序列间的相似度。弯曲路径必须满足最小弯曲成本，如公式

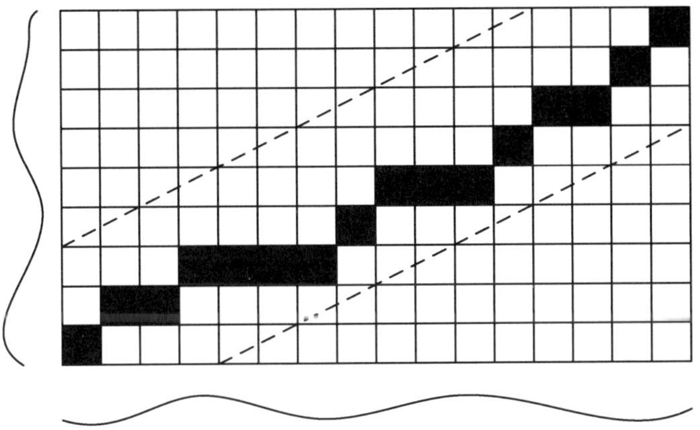

图 4－1　动态弯曲路径示意

（4－4）所示。

$$DTW(X, Y) = \min\left(\frac{1}{K}\sum_{k=1}^{k} p_k\right) \tag{4-4}$$

在所有路径中发现最小路径的方法是对距离矩阵 D 做一个局部搜索，即如果一个点（x_i，y_j）处于最优路径上，那么从（x_1，y_1）到（x_i，y_j）的主路径也是局部最优化的。因此从点（x_i，y_1）到（x_m，y_n）的最佳路径可以由起始点（x_1，y_1）到终点（x_m，y_n）的局部最优解通过递归搜索获得，此过程可通过如公式（4－2）所示的递归过程实现。

动态时间弯曲距离（DTW）能度量长度不同的序列，对振幅变化、偏移、噪声等情况也具有一定的鲁棒性。但是该方法的计算量比较大，尤其在进行大序列间的比较时性能很不理想。

三、最长公共子串

欧式距离（ED）和动态时间弯曲距离（DTW）都忠实地记录了时间序列的不连续性对时间序列的相似性产生的影响，但是当两条时间序列在大部分时间段具有相似的形态，而只在很短时间范围内发生剧烈突变或者间断时，这两种方法都无法准确衡量时间序列的相似性。针对这一问题，研究者提出了基于最长公共子串的相似性度量方法。

最长公共子串的基本思想是通过两个字符串之间最长公共子串的长度来衡量字符串之间的相似性程度，这一方法在语音识别和文本匹配领域中得到广泛研究与应用。对于时间序列来说，可以将时间序列的序列值离散化为单个字符，然后再使用此方法。

定义 4－2（最长公共子序列度量）[52]：设时间序列 $X=\{x_1, x_2, \cdots, x_n\}$ 和 $Y=\{y_1, y_2, \cdots, y_n\}$，它们满足以下条件的最长公共子序列分别为 $X'=\{x_{i_1}, x_{i_2}, \cdots, x_{i_l}\}$ 和 $Y'=\{y_{j_1}, y_{j_2}, \cdots, y_{j_l}\}$，那么时间序列 X 和 Y 之间的相似度定义为 $Sim(X, Y)=l/n$。

（1）任意 $1 \leqslant k < l$，都满足 $i_k < i_{k+1}$，$j_k < j_{k+1}$；

（2）任意 $1 \leqslant k < l$，都有 $x_{i_k} = y_{i_k}$。

最长公共子序列（Longest Common Subsequence，LCS）度量在查找最长公共子序列时要求两个相对应位置的序列值离散化以后相同，并且子序列的下标按顺序严格递增。LCS 度量能够避免时间序列的短期突变或者间断带来的相似性问题，但是对时间序列的振幅平移、时间轴伸缩和弯曲等变形无法得到较好的相似性度量结果。Bollobas 等针对上述缺陷提出了一种改进的 LCS 度量，称为 LCSS 度量。

定义 4－3（LCSS 度量）：设 $\delta > 0$ 是个整型常数，$0 < \varepsilon < 1$ 是实常数，$f \in L$，其中 L 是线性函数集合。给定实数时间序列 $X = \{x_1, x_2, \cdots, x_n\}$ 和 $Y = \{y_1, y_2, \cdots, y_n\}$，它们满足以下条件的最长公共子序列分别为 $X' = \{x_{i_1}, x_{i_2}, \cdots, x_{i_l}\}$ 和 $Y' = \{y_{j_1}, y_{j_2}, \cdots, y_{j_l}\}$。

（1）任意 $1 \leqslant k < l$，都满足 $i_k < i_{k+1}$，$j_k < j_{k+1}$；

（2）任意 $1 \leqslant k < l$，都有 $|i_k - j_k| \leqslant \delta$；

（3）任意 $1 \leqslant k < l$，都有 $y_{j_k}/(1+\varepsilon) \leqslant f(x_{i_k}) \leqslant y_{j_k}(1+\varepsilon)$。

令 $S_{f,\varepsilon,\delta}(X, Y) = l/n$，那么时间序列之间的相似度定义为公式（4－5）。

$$Sim(X, Y) = \max_{f \in L}\{S_{f,\varepsilon,\delta}(X, Y)\} \quad (4-5)$$

LCSS 度量允许序列值存在线性偏差，支持振幅平移、振幅伸缩和线性漂移等时间序列变形，并且允许子序列下标之间的距离存在一定偏差，在一定程度上也支持时间轴的伸缩和弯曲。

第二节　分层的动态时间弯曲相似性度量方法

一、分层动态时间弯曲相似性度量（HDTW）算法的主要思想

动态时间弯曲（DTW）技术是目前对不等长时间序列进行相似性度量的主要方法，其稳定性和抗干扰能力也比较强，但是计算复杂度较高。本节将提出一种分层的动态时间弯曲相似性度量方法（Hierarchical Dynamic Time Warping，HDTW），在时间序列的不同层次上采用 DTW 方法进行相似性的度量。此算法也主要针对不等长时间序列的相似性度量问题，算法的主要特点和优势如下：

（1）采用多层次极值点分段表示法（MEPS）对参与相似性度量的时间序列进行多层次分段，在不同的对应层次上使用 DTW 算法进行序列间的相似性度量，综合所有层次的相似性度量结果作为最终的相似性度量结果，大大提高了相似性度量的准确度。

（2）使用 DTW 算法计算序列间的相似性时，将序列的每条子序列抽象为一个二维空间的点，点的取值为子序列的均值和长度，减少了直接使用 DTW 算法的计算复杂度，提高了相似性度量的效率。

二、分层动态时间弯曲相似性度量（HDTW）算法的具体描述

1. 时间序列的多层次分段

设有时间序列 $Q=\{q_1, q_2, \cdots, q_i, \cdots, q_m\}$ 和 $P=\{p_1, p_2, \cdots, p_j, \cdots, p_n\}$，使用多层次极值点分段法（MEPS）分别对它们进行 H 层的分段，可得到每一层次的分段结果。以时间序列 Q 为例，可得到分层的分段集合为 $\{Q_0, Q_1, \cdots, Q_h, \cdots, Q_{H-1}\}$，设第 h 层的分段数为 u_h，Q_{hi}表示第 h 层的第 i 个分段，则可将时间序列 Q 的分段集合展开如下：

$Q_0=\{q_1, q_2, \cdots, q_i, \cdots, q_m\}$

$Q_1=\{Q_{11}, Q_{12}, \cdots, Q_{1i}, \cdots, Q_{1u_1}\}$

……

$Q_h=\{Q_{h1}, Q_{h2}, \cdots, Q_{hi}, \cdots, Q_{hu_h}\}$

……

$Q_{H-1}=\{Q_{(H-1)1}, Q_{(H-1)2}, \cdots, Q_{(H-1)i}, \cdots, Q_{(H-1)_{u(H-1)}}\}$

同理可得到时间序列 P 的分段集合展开表达式。下面将使用一个简单的示例对多层分段集合的展开进行说明。时间序列 S 的数据如表 3－1 所示，图 3－10 展示了时间序列 S 的多层次分段结果，那么可得到 S 的多层分段集合如下：

$S_0=\{537.87, 558.75, 536.37, 516.46, 537.35, 520.69, 601.98, 570.24, 554.04, 738.61\}$

$S_1=\{S_{11}, S_{12}, S_{13}, S_{14}, S_{15}, S_{16}\}$

$S_{11}=\{537.87\}$，$S_{12}=\{558.75, 536.37, 516.46\}$，$S_{13}=\{537.35\}$

$S_{14}=\{520.69\}$，$S_{15}\ \{601.98, 570.24, 554.04\}$，$S_{16}=\{738.61\}$

$S_2=\{S_{21}, S_{22}, S_{23}, S_{24}, S_{25}\}$

$S_{21}=\{537.87\}$，$S_{22}=\{558.75, 536.37, 516.46\}$

$S_{23}=\{516.46, 537.35, 520.69, 601.98\}$，

$S_{24}=\{601.98, 570.24, 554.04\}$，$S_{25}=\{738.61\}$

$S_3=\{S_{31}, S_{32}, S_{33}\}$

$S_{31}=\{537.87\}$，$S_{32}=\{558.75, 536.37, 516.46\}$，

$S_{33}=\{516.46, 537.35, 520.69, 601.98, 570.24, 554.04, 738.61\}$

$S_4=\{S_{41}, S_{42}\}$

$S_{41}=\{537.87, 558.75, 536.37, 516.46\}$，

$S_{42}=\{516.46, 537.35, 520.69, 601.98, 570.24, 554.04, 738.61\}$

2. 多层次的动态时间弯曲相似性度量

在每一层次上，分别对 Q 和 P 的相应子序列集做 DTW 相似性度量，如图 4－2 所示。在第 0 层进行相似性计算，实际是直接对时间序列 Q 和 P 来计算，起不到降低计算复杂度的作用。但是随着层次的不断增加，时间序列 Q 和 P 的分段数越来越少，相似性计算的复杂度也不断降低。如果取时间序列 Q 和 P 在较高层次的分段子序列集的

相似性度量结果近似作为时间序列 Q 和 P 的相似度，则可以大大降低计算的复杂度。

时间序列 Q 的多层次分段　　　　时间序列 P 的多层次分段

第 $H-1$ 层：$Q_{H-1}=\{Q_{(H-1)1},Q_{(H-1)2},\cdots,Q_{(H-1)i},\cdots,Q_{(H-1)_{u(H-1)}}\}$ ←DTW 相似性度量→ $P_{H-1}=\{P_{(H-1)1},P_{(H-1)2},\cdots,P_{(H-1)i},\cdots,P_{(H-1)_{v(H-1)}}\}$：第 $H-1$ 层

第 $H-2$ 层：$Q_{H-2}=\{Q_{(H-2)1},Q_{(H-2)2},\cdots,Q_{(H-2)i},\cdots,Q_{(H-2)_{u(H-1)}}\}$ ←DTW 相似性度量→ $P_{H-2}=\{P_{(H-2)1},P_{(H-2)2},\cdots,P_{(H-2)i},\cdots,P_{(H-2)_{v(H-2)}}\}$：第 $H-2$ 层

⋮ ←DTW 相似性度量→ ⋮

第 h 层：$Q_h=\{Q_{h1},Q_{h2},\cdots,Q_{hi},\cdots,Q_{hu_h}\}$ ←DTW 相似性度量→ $P_h=\{P_{h1},P_{h2},\cdots,P_{hi},\cdots,P_{hv_h}\}$：第 h 层

⋮ ←DTW 相似性度量→ ⋮

第 1 层：$Q_1=\{Q_{11},Q_{12},\cdots,Q_{1i},\cdots,Q_{1_{u_1}}\}$ ←DTW 相似性度量→ $P_1=\{P_{11},P_{12},\cdots,P_{1i},\cdots,P_{1_{v_1}}\}$：第 1 层

第 0 层：$Q_0=\{q_1,q_2,\cdots,q_i,\cdots,q_m\}$ ←DTW 相似性度量→ $P_0=\{p_1,p_2,\cdots,p_i,\cdots,p_m\}$：第 0 层

图 4－2　时间序列 Q 和 P 的分层 DTW 相似性度量

定义 4－4（特征子序列）：设时间序列的子序列集合 $S=\{S_1,S_2,\cdots,S_i,\cdots,S_n\}$，其中 S_i（$1\leqslant i\leqslant n$）是第 i 个分段子序列，则 S 的特征子序列定义如公式（4－6），其中 μ_{si} 为 S_i 的均值，l_{si} 为 S_i 的长度。

$$\tilde{S}\ \{(\mu_{S_1},l_{S_1}),(\mu_{S_2},l_{S_2}),\cdots,(\mu_{S_i},l_{S_i}),\cdots,(\mu_{S_n},l_{S_n})\} \tag{4-6}$$

本小节提出的多层次的动态时间弯曲相似性度量方法的思想主要基于以下两点：①将每一层次的每一个分段子序列看作一个二维空间的点来进行 DTW 计算，该点反映了分段子序列的均值和长度；②取前 k 个层次的 DTW 相似性计算的结果来近似表示时间序列 Q 和 P 的相似度，k 可由用户进行自定义。分层动态时间弯曲相似性度量算法（HDTW）的具体步骤如下，相应的伪代码见图 4－3。

（1）设置参数 k（$1\leqslant k\leqslant H$），表示前 k 个层次的分段参与相似度计算。以时间序列 Q 为例，即 Q_{H-1}，Q_{H-2}，$\cdots$，Q_{H-k} 参与相似度计算。

（2）对前 k 个层次中的每一对分段子序列集合（Q_h，P_h）计算相似度，记为 $Similarity$（Q_h，P_h），其中（$H-k$）$\leqslant h \leqslant$（$H-1$），具体步骤如下：

1）将 $Q_h=\{Q_{h1}, Q_{h2}, \cdots, Q_{hi}, \cdots, Q_{hu_h}\}$（$uh$ 为 Q_h 中子序列的数目）转化为其对应的特征子序列 $\tilde{Q}_h=\{(\mu_{Q_{h1}}, l_{Q_{h1}}), (\mu_{Q_{h2}}, l_{Q_{h2}}), \cdots, (\mu_{Q_{hi}}, l_{Q_{hi}}), \cdots, (\mu_{Q_{hu_h}}, l_{Q_{hu_h}})\}$，记为：$\tilde{Q}_h=\{(\tilde{Q}_{h1}, \tilde{Q}_{h2}, \cdots, \tilde{Q}_{hi}, \cdots, \tilde{Q}_{hu_h})$。

2）将 $P_h=\{P_{h1}, P_{h2}, \cdots, P_{hi}, \cdots, P_{hv_h}\}$（$v_h$ 为 P_h 中子序列的数目）转化为其对应的特征子序列 $\tilde{P}_h=\{(\mu_{P_{h1}}, l_{P_{h1}}), (\mu_{P_{h2}}, l_{P_{h2}}), \cdots, (\mu_{P_{hi}}, l_{P_{hi}}), \cdots, (\mu_{P_{hv_h}}, l_{P_{hv_h}})\}$，记为 $\tilde{P}_h=\{\tilde{P}_{h1}, \tilde{P}_{h2}, \cdots, \tilde{P}_{hi}, \cdots, \tilde{P}_{hv_h}\}$。

3）生成 $\mu h \times \nu h$ 的矩阵 $M(\tilde{Q}_h, \tilde{P}_h)$，其中

$$M(\tilde{Q}_h, \tilde{P}_h)=\begin{bmatrix} d(\tilde{Q}_{h1}, \tilde{P}_{h1}) & d(\tilde{Q}_{h1}, \tilde{P}_{h2}) & \cdots & d(\tilde{Q}_{h1}, \tilde{P}_{hv_h}) \\ d(\tilde{Q}_{h2}, \tilde{P}_{h1}) & d(\tilde{Q}_{h2}, \tilde{P}_{h2}) & \cdots & d(\tilde{Q}_{h2}, \tilde{P}_{hv_h}) \\ \vdots & \vdots & & \vdots \\ d(\tilde{Q}_{hu_h}, \tilde{P}_{h1}) & d(\tilde{Q}_{hu_h}, \tilde{P}_{h2}) & \cdots & d(\tilde{Q}_{hu_h}, \tilde{P}_{hv_h}) \end{bmatrix}。$$

$$d(Q\tilde{Q}_{hi}, \tilde{P}_{hj})=\sqrt{\left(1-\frac{\mu_{P_{hj}}}{\mu_{Q_{hi}}}\right)^2+\left(1-\frac{l_{P_{hj}}}{l_{Q_{hi}}}\right)^2}。$$

4）使用 DTW 算法对矩阵 $M(\tilde{Q}_h, \tilde{P}_h)$ 进行最小弯曲路径的搜寻，并把该路径的成本值作为子序列集合 Q_h 和 P_h 的距离 $Dis\tan ce$（Q_h，P_h）。

```
Function HDTW (S, R, H, k)
    Input: Sequence S [1, 2, ···, n], R [1, 2, ···, m]
           Integer H, k
    Output: Float Simi_HDTW
    Begin
      对 S [1, 2, ···, n] 使用 MEPS 算法得到 CP_S [i] (0≤i≤H-1)
      对 R [1, 2, ···, m] 使用 MEPS 算法得到 CP_R [j] (0≤j≤H-1)
      For i = j = (H-k) to (H-1)
          对 CP_S [i] 中的每一分段计算均值和长度,
              得到由每一分段均值和长度组成的序列 CP'_S[i];
          对 CP_R [j] 中的每一分段计算均值和长度,
              得到由每一分段均值和长度组成的序列 CP'_R[j];
          d = DTW (CP'_S[i], CP'_R[j]);
          Simi_HDTW = 1/d + simi_HDTW
      Endfor
      Simi_HDTW = Simi_HDTW / k
    End
```

图 4-3　HDTW 算法的伪代码

5）子序列集合 Q_h 和 P_h 的相似度 $Similarity(Q_h, P_h) = \frac{1}{Distance(Q_h, P_h)}$。

（3）时间序列 Q 和 P 的相似度 $Similarity(Q, P) = \frac{\sum_{i=1}^{k} Similarity(Q_h, P_h)}{k}$。

三、DTW 算法与 HDTW 算法的实验对比与分析

1. 实验框架

（1）数据集。

数据集 4－1：SCCTS（Synthetic Control Chart Time Series）是网络公开的测试集，专门用于时间序列聚类的算法测试。SCCTS 共有 600 条测试数据，分别属于 6 个不同的类别。从数据集（SCCTS）中抽取 10 组数据。每组数据包含 60 条时间序列，分别属于 6 个不同的类别，每个类别 10 条。

数据集 4－2：对数据集 4－1 中的 10 组数据进行不等长化处理，在不影响聚类结果的情况下，使得每组数据中的 60 条时间序列的长度不完全相同。

本章的实验都采用以上两个数据集来进行。

（2）实验方案。

实验一：分别采用动态时间弯曲算法（DTW）和分层的动态时间弯曲算法（HDTW）对数据集 4－1 进行聚类计算，比较两种方法的聚类精度和效率。

实验二：分别采用动态时间弯曲算法（DTW）和分层的动态时间弯曲算法（HDTW）对数据集 4－2 进行聚类计算，比较两种方法的聚类精度和效率。

（3）聚类精度评价方法。

已知分类的标准结果是 $C = C_1, C_2, \cdots, C_k$，采用实验方法得到的聚类结果是 $C' = C'_1, C'_2, \cdots, C'_k$，则聚类精度可由公式（4－7）和公式（4－8）进行计算[53]。如果没有特别说明，以后各章节的聚类精度评价都采用此方法。

$$Sim(C_i, C'_j) = 2\frac{|C_i \cap C'_j|}{|C_i| + |C'_j|} \tag{4-7}$$

$$Sim(C, C') = \frac{\sum_i \max_j Sim(C_i, C'_j)}{k} \tag{4-8}$$

$Sim(C', C)$ 的计算和 $Sim(C, C')$ 类似。因为 $Sim(C', C)$ 和 $Sim(C, C')$ 不对称，所以采用 $\frac{Sim(C, C') + Sim(C', C)}{2}$ 作为最终的评价标准。

2. 实验分析中使用的聚类算法

设有时间序列集 $S\{S_1, S_2, \cdots, S_n\}$，$n$ 表示时间序列的条数，设聚类的数目为 k，则聚类的过程如下。

（1）随机找出 k 条时间序列作为初始的 k 个聚类中心点。

（2）分别计算剩余的 $(n-k)$ 条时间序列与 k 个中心点序列的相似度，把每一条时间序列分配给与它相似度最大的那一类，得到 k 个聚类结果。

（3）对每一个聚类重新计算中心点序列，取每一类中与其他时间序列的平均相似度最大的那一条序列为最新的聚类中心点序列。

（4）对于新的 k 个聚类中心点序列重复执行步骤（2），得到新的 k 个聚类结果。

（5）对于新的 k 个聚类结果重复执行步骤（3），得到新的聚类中心点序列。

（6）以上过程重复执行，直到 k 个聚类的中心点序列不再发生变化为止。

3. 实验结果分析

（1）实验一的结果分析。

实验一通过等长的时间序列数据集 4－1 来比较动态时间弯曲相似性度量方法（DTW）和分层动态时间弯曲相似性度量方法（HDTW）的优劣。

在分层动态时间弯曲相似性度量方法（HDTW）中可以通过参数的设置来选择进行相似性度量的层数。图 4－4 展示了 HDTW 算法中随着选择的分层数目的变化 10 组数据的平均聚类精度的变化情况，横轴表示选择的分层数目，取值范围为 1～20，纵轴表示 10 组数据的平均聚类精度。从图中可以看到，使用 HDTW 方法得到的聚类精度取值在 0.78～0.9，分层数目 k 与最终得到的平均聚类精度并没有非常明显的线性关系，但是，在分层数目取值为 15～19 时可以获得较高的平均聚类精度。

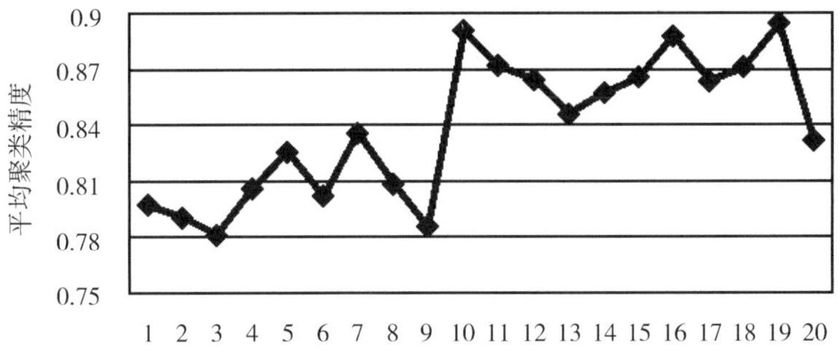

图 4－4　HDTW 算法在数据集 4－1 中的平均聚类精度变化

图 4－5 展示了 DTW 算法和 HDTW 算法在每组数据上得到的聚类精度的对比，横轴表示数据集 4－1 中的 10 组数据，纵轴表示每组数据使用两种方法分别得到的聚类精度。从图中可以看到，DTW 方法得到的聚类精度的取值在 0.65 和 0.9 之间，而 HDTW 算法得到的聚类精度的取值在 0.75 和 0.9 之间，并且除了第 10 组数据之外，HDTW 算

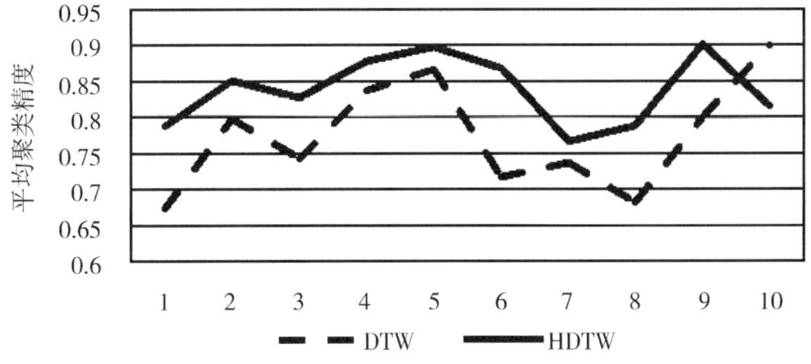

图 4－5　两种算法在数据集 4－1 中的每组平均聚类精度的对比

法得到的聚类精度总是高于 DTW 算法的。图 4 -6 展示了 10 组数据的总平均聚类精度的对比，从图中可以看到 HDTW 算法的结果是远远优于 DTW 算法的，通过 HDTW 算法进行相似性度量得到的聚类精度比 DTW 算法要高出近 10%。

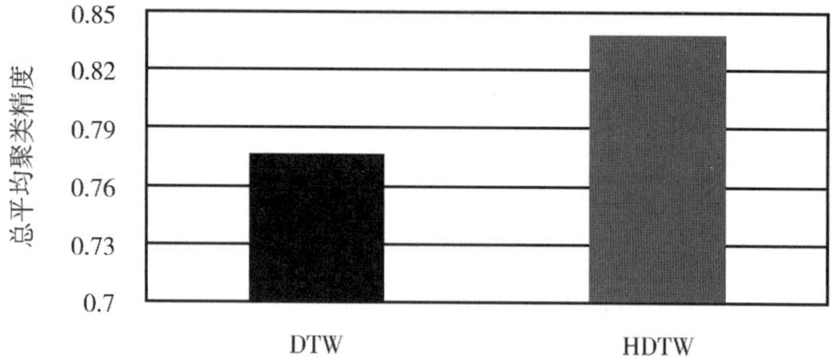

图 4 -6 两种算法在数据集 4 -1 中的总平均聚类精度的对比

（2）实验二的结果分析。

实验二通过不等长的时间序列数据集 4 -2 来比较动态时间弯曲相似性度量方法（DTW）和分层的动态时间弯曲相似性度量方法（HDTW）的优劣。

图 4 -7 展示了 HDTW 算法中随着选择的分层数目的变化，数据集 4 -2 中 10 组数据的平均聚类精度的变化情况，横轴表示选择的分层数目 k，取值范围为 1 ~20，纵轴表示 10 组数据的平均聚类精度。从图中可以看到，使用 HDTW 方法得到的聚类精度取值在 0.8 ~0.92，选择的分层数目 k 与最终得到的平均聚类精度并没有非常明显的线性关系，但是，在分层数目取值为 10 ~13 时可以获得较高的聚类精度。比较图 4 -5 和图 4 -8 可以发现，与数据集 4 -1 相比，在不等长数据集 4 -2 上，HDTW 算法能获得更好的聚类效果。

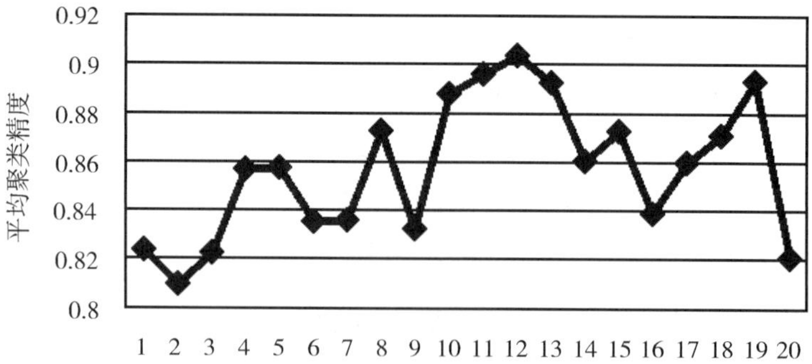

图 4 -7 HDTW 算法在数据集 4 -2 中的平均聚类精度变化

图 4 -8 展示了 DTW 算法和 HDTW 算法在每组数据上得到的聚类精度的对比，横轴表示数据集 4 -2 中的 10 组数据，纵轴表示每组数据使用两种方法分别得到的聚类精度。从图中可以看到，DTW 方法得到的聚类精度的取值在 0.65 和 0.95 之间，并且不同的数据组得到的聚类精度的波动很大。HDTW 算法得到的聚类精度的取值在 0.8 和 0.9 之间，并且不同的数据组得到的聚类精度值波动较小，除了第 7 组数据之外，

HDTW 算法得到的聚类精度总是高于 DTW 算法的。图 4 -9 展示了 10 组数据的总平均聚类精度的对比，从图中可以看到 HDTW 算法的结果是优于 DTW 算法的。

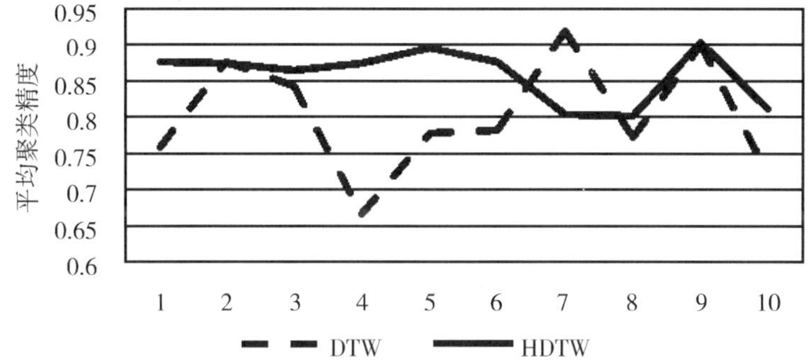

图 4 -8　两种算法在数据集 4 -2 中的每组平均聚类精度的对比

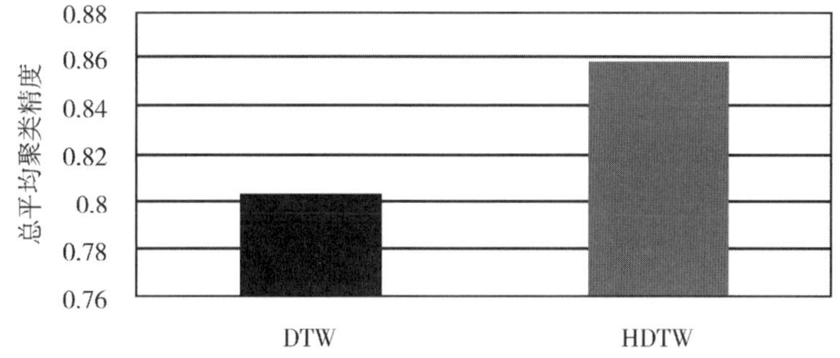

图 4 -9　两种算法在数据集 4 -2 中的总平均聚类精度的对比

第三节　改进的分层动态时间弯曲相似性度量方法

一、对 HDTW 算法改进的主要思想

本章的第二节提出了分层动态时间弯曲相似性度量（HDTW）方法，从实验结果来看，大大提升了相似性度量的准确度。但是该算法也存在以下几点问题。

（1）由于时间序列 Q 和 P 的形态存在差异，不能保证两条序列在每一层次上的分段子序列数目相差不大，而参与相似性计算的子序列数目相差太大会直接影响到相似性度量结果的准确性。例如如果时间序列 Q 的分层收敛得很快，在第 $H-4$ 层就已经是一个分段了，那么它的 Q_{H-1}，Q_{H-2}，Q_{H-3} 和 Q_{H-4} 都是一样的，分段数目都是 1。但是，时间序列 P 的分层收敛速度可能要相对慢一些，在 P_{H-1} 时分段数目可能还有 5 或者更多，这样得到的相似性度量的结果显然会受到影响。

（2）使用分段子序列的均值和长度来代表子序列，而忽略了子序列的趋势特征。

如图4－10所示，图4－10（a）中的子序列A和图4－10（b）中的子序列B的均值都为9.8，长度都为12，按照分层动态时间弯曲相似性度量算法（HDTW）来判断，它们是非常相似的。但是它们的趋势却是截然相反的，子序列A的趋势是向下的，而子序列B的趋势是向上的，从实际来判断，它们的相似程度是很低的。

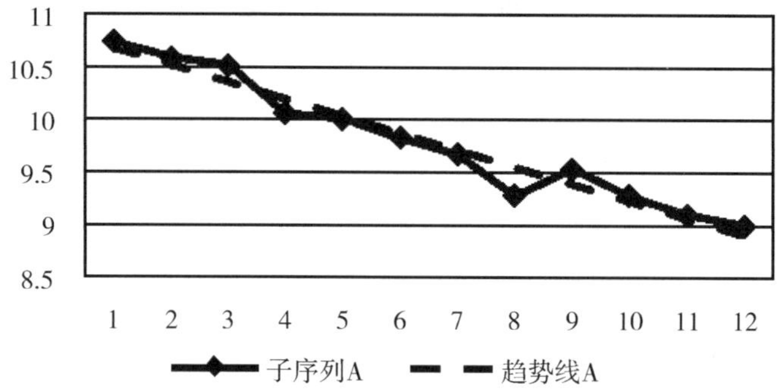

（a）

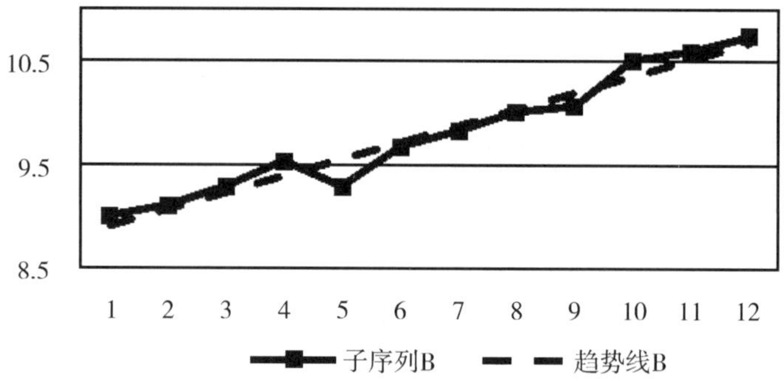

（b）

图4－10　子序列A与子序列B的趋势比较

（3）虽然分层动态时间弯曲相似性度量算法（HDTW）通过分层的子序列计算降低了DTW算法的复杂度，但是由于还是采用DTW算法对分层的子序列之间的相似度进行计算，在算法效率的改进程度上有限。

二、对HTDW算法的具体改进方法

1. 改进方法之一

定义4－5（全层次子序列集合）：设时间序列 $Q=\{q_1, q_2, \cdots, q_i, \cdots, q_m\}$，则它的全层次子序列集合为 $Q'=\{Q_0, Q_1, \cdots, Q_h, \cdots, Q_M\}$，且满足以下条件。

（1）$Q_0=\{q_1, q_2, \cdots, q_i, \cdots, q_m\}$。

（2）$Q_h=\{Q_{h1}, Q_{h2}, \cdots, Q_{hi}, \cdots, Q_{hu_h}\}$，其中 u_h 为第 h 层的分段数。

（3）$u_1 \neq u_2 \neq \cdots \neq u_h \neq \cdots \neq u_M$，即每一层次的分段数目不同。

(4) $Q_M = \{Q_{M1}\}$，即 $u_M = 1$。

本小节改进方法的主要思想是：对时间序列 Q 和 P 分别计算全层次子序列集合 Q' 和 P'，然后从中均匀抽取出相对应的 k 组子序列集合进行相似度计算，如图 4-11 所示。此方法一方面消除了重复的分段层次，另一方面保证了参与子序列相似性度量的集合均匀分布在时间序列 Q 和 P 的各个层次上，大大提高了相似性度量的准确度。具体的改进步骤描述如下：

1）对时间序列 $Q = \{q_1, q_2, \cdots, q_i, \cdots, q_m\}$ 计算全层次子序列集 $Q' = \{Q_0, Q_1, \cdots, Q_h, \cdots, Q_M\}$，从 Q' 中均匀抽取出 k 个子序列集合，记为 $Q'' = \{Q'_1, Q'_2, \cdots, Q'_i, \cdots, Q'_k\}$，其中 $Q'_i = Q_{(M - i\times[\frac{M}{k}])}$ $(i = 1, 2, \cdots, k)$；

2）对时间序列 $P = \{p_1, p_2, \cdots, p_j, \cdots, p_n\}$ 计算全层次子序列集 $P' = \{P_0, P_1, \cdots, P_h, \cdots, P_N\}$，从 P' 中均匀抽取出 k 个子序列集合，记为 $P'' = \{P'_1, P'_2, \cdots, P'_i, \cdots, P'_k\}$，其中 $P'_i = P_{(N - i\times[\frac{M}{k}])}$ $(i = 1, 2, \cdots, k)$；

时间序列 Q 的全层次子序列集合 Q'　　　　时间序列 P 的全层次子序列集合 P'

第 M 层：$Q_M = \{Q_{M1}\}$　　　　$P_N = \{P_{N1}\}$：第 N 层

⋮　　　　⋮

第 $(M - [\frac{M}{k}])$ 层：$Q_{M-[\frac{M}{k}]} = \{Q_{(M-[\frac{M}{k}])1}, \cdots, Q_{(M-[\frac{M}{k}])u(M-[\frac{M}{k}])}\}$　DTW ⟷ 相似性度量

$P_{N-[\frac{N}{k}]} = \{P_{(N-[\frac{N}{k}])1}, \cdots, P_{(N-[\frac{N}{k}])v(N-[\frac{N}{k}])}\}$：第 $N - [\frac{N}{k}]$ 层

⋮　　　　⋮

第 $(M - i\times[\frac{M}{k}])$ 层：$Q_{M-i\times[\frac{M}{k}]} = \{Q_{(M-i\times[\frac{M}{k}])1}, \cdots, Q_{(M-i\times[\frac{M}{k}])u(M-i\times[\frac{M}{k}])}\}$　DTW ⟷ 相似性度量

$P_{N-i\times[\frac{N}{k}]} = \{P_{(N-i\times[\frac{N}{k}])1}, \cdots, P_{(N-i\times[\frac{N}{k}])v(N-i\times[\frac{N}{k}])}\}$：第 $(N - i\times[\frac{N}{k}])$ 层

⋮　　　　⋮

第 $(M - k\times[\frac{M}{k}])$ 层：$Q_{M-k\times[\frac{M}{k}]} = \{Q_{(M-k\times[\frac{M}{k}])1}, \cdots, Q_{(M-k\times[\frac{M}{k}])u(M-i\times[\frac{M}{k}])}\}$　DTW ⟷ 相似性度量

$P_{N-k\times[\frac{N}{k}]} = \{P_{(N-k\times[\frac{N}{k}])1}, \cdots, P_{(N-k\times[\frac{N}{k}])v(N-k\times[\frac{N}{k}])}\}$：第 $N - k\times[\frac{N}{k}]$ 层

⋮　　　　⋮

第 0 层：$Q_0 = \{q_1, q_2, \cdots, q_i, \cdots, q_m\}$　　　　$P_0 = \{p_1, p_2, \cdots, p_i, \cdots, p_m\}$：第 0 层

图 4-11　抽取 k 组子序列集合进行相似度计算

3）对 Q'' 中的 Q'_i 和 P'' 中的 P'_i 做相似性度量，记为 $Similarity(Q'_i, P'_i)$；

4）时间序列 Q 和 P 的相似度记为：

$$Similarity(Q, P) = \frac{\sum_{i=1}^{k} Similarity(Q'_i, P'_i)}{k}。$$

2. 改进方法之二

定义4-6（子序列的趋势）：设子序列 S 的起点为 p_s（x_s，y_s），终点为 p_e（x_e，y_e），则 S 的趋势为 $\gamma_S=\frac{y_e-y_s}{x_e-x_s}$。

在对序列 k 个层次上的分段进行转化时加入分段子序列的趋势特征。时间序列 Q 的第 h 层的分段集合 $Q_h=\{Q_{h1},Q_{h2},\cdots,Q_{hi},\cdots,Q_{hu_h}\}$，$Q_{hi}$ 表示第 h 层的第 i 个分段，μ_{hi} 表示第 h 层的第 i 个分段的均值，l_{hi} 表示第 h 层的第 i 个分段的长度，γ_{hi} 表示第 h 层的第 i 个分段的趋势，其中 $1\leqslant i\leqslant u_h$。那么，$Q_h$ 被转化为

$Q'_h=\{\mu_{h1},l_{h1},\gamma_{h1},\mu_{h2},l_{h2},\gamma_{h2},\cdots,\mu_{hi},l_{hi},\gamma_{hi},\cdots,\mu_{hu_h},l_{hu_h},\gamma_{hu_h}\}$，

同样，时间序列 P 的第 h 层的分段集合 P_h 被转化为

$P'_h=\{\mu_{h1},l_{h1},\gamma_{h1},\mu_{h2},l_{h2},\gamma_{h2},\cdots,\mu_{hi},l_{hi},\gamma_{hi},\cdots,\mu_{h\nu_h},l_{h\nu_h},\gamma_{h\nu_h}\}$，

3. 改进方法之三

动态时间弯曲技术（DTW）要求弯曲路径是连续的，并且对于弯曲路径的端点有明确的限制，如图4-1所示。本小节提出的改进方法（Partial Dynamic Time Warping，PDTW）放宽了对于弯曲路径连续性和端点的要求，可能出现如图4-12所示的各种弯曲路径。

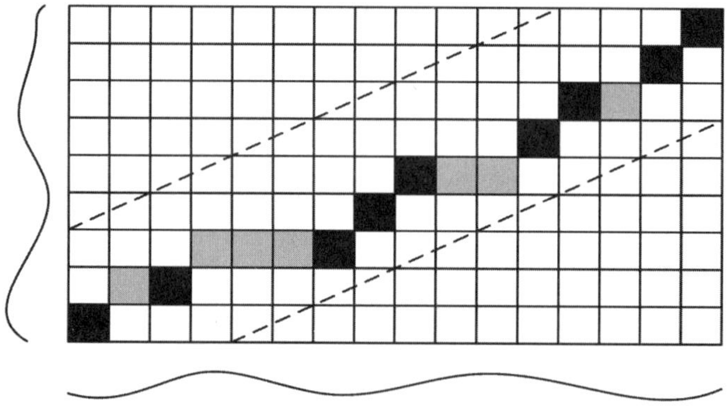

（a）不连续的弯曲路径

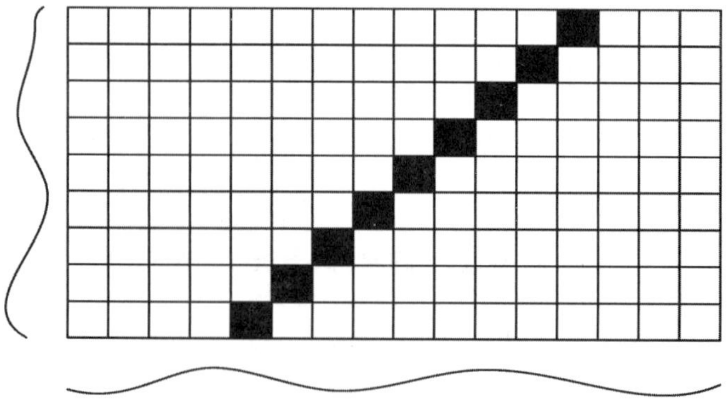

（b）不在对角线两端点的弯曲路径

图4-12 改进算法中可能出现的弯曲路径

设有两条序列 $Q\ \{q_1,\ q_2,\ \cdots,\ q_m\}$ 和 $R\ \{r_1,\ r_2,\ \cdots,\ r_n\}$，其中 $m \leqslant n$。根据序列 Q 和 R 可建立矩阵 M，其中 $M\ (i,\ j)\ =\ (q_i - r_j)^2 +\ (i-j)^2$。在矩阵 M 中根据以下规则进行路径搜寻：

（1）路径从 $M\ (1,\ j)$ 开始，初始成本为 $M\ (1,\ j)$，其中 $j=1,\ 2,\ \cdots,\ (n-m)$。

（2）每一步是从 $M\ (i,\ j)$ 到 $M\ (k,\ v)$ 的一个连接，成本为 $M\ (k,\ v)$，其中 $k=i+1,\ v>j$。

（3）路径在 $M\ (m,\ j)$ 结束，其中 $j=m,\ (m+1),\ \cdots,\ n$。

（4）路径的成本是初始成本与每条连接的成本的总和。

根据以上规则可以在矩阵 M 中搜寻出多条路径，我们选择成本最小的路径，并把该路径的成本值作为序列 Q 和 R 的距离。该算法的伪代码如图 4－13。

```
Function PDTW (M)
    Input: Matrix M (m, n)
    Output: Array Path (m)
            Float value
    Begin
        For i = m to 1 /* 从第 m 行开始循环到第 1 行 */
            For j = m to MIN (n, i + n - m + 1)
            /* 搜索路径中第 i 行可能到达的列 */
                寻找从 (i, j) 出发具有最小成本的路径;
                把最小成本值写入 M (i, j)
            Endfor
          Endfor
          把矩阵 M 第 1 行中的最小值赋给 value
          For i = 1 to m
             把第 i 行中的最小值的列序号赋给 Path (i)
          Endfor
    End
```

图 4－13　PDTW 算法的伪代码

三、改进的 HTDW 算法（IHDTW）的具体描述

定义 4－7（改进的特征子序列）：设时间序列的子序列集合 $S=\ \{S_1,\ S_2,\ \cdots,\ S_i,\ \cdots, S_n\}$，其中 $S_i\ (1 \leqslant i \leqslant n)$ 是第 i 个分段子序列，则 S 的特征子序列定义如公式（4－9），其中 μ_{si} 为 S_i 的均值，l_{si} 为 S_i 的长度，γ_{si} 为 S_i 的趋势。

$$\tilde{S} = \{\ (\mu_{S_1},\ l_{S_1},\ \gamma_{S_1}),\ (\mu_{S_2},\ l_{S_2},\ \gamma_{S_2}),\ \cdots,\ (\mu_{S_i},\ l_{S_i},\ \gamma_{S_i}),\ \cdots,\ (\mu_{S_n},\ l_{S_n},\ \gamma_{S_n})\} \tag{4-9}$$

设有时间序列 $Q=\ \{q_1,\ q_2,\ \cdots,\ q_i,\ \cdots,\ q_m\}$ 和 $P=\ \{p_1,\ p_2,\ \cdots,\ p_j,\ \cdots,\ p_n\}$，

改进的分层动态时间弯曲相似性度量方法（IHDTW）的基本步骤如下，伪代码如图 4-14 所示。

```
Function IHDTW（S, R, H）
    Input: Sequence, S [1, 2, …, n], R [1, 2, …, m]
           Integer H
    Output: Float Simi_IHDTW
    Begin
        对 S [1, 2, …, n] 使用 MEPS 算法得到全部层次的结果 CP_S
        对 R [1, 2, …, m] 使用 MEPS 算法得到全部层次的结果 CP_R
        从 CP_S 中均匀抽出 H 个层次得到 CP_{S-H} [i]
        从 CP_R 中均匀抽出 H 个层次得到 CP_{R-H} [j]
        For i = j = 1 to H
            对 CP_{S-H} [i] 中的每一分段计算均值、长度和趋势，
                得到由每一分段均值、长度和趋势组成的序列 CP'_{S-H} [i]；
            对 CP_{R-H} [j] 中的每一分段计算均值、长度和趋势，
                得到由每一分段均值、长度和趋势组成的序列 CP'_{R-H} [j]；
            d = PDTW（CP'_{S-H} [i], CP'_{R-H} [j]）；
            Simi_IHDTW = 1/d + Simi_IHDTW
        Endfor
        Simi_IHDTW = Simi_IHDTW / H
    End
```

图 4-14 IHDTW 算法的伪代码

（1）对时间序列 $Q=\{q_1, q_2, \cdots, q_i, \cdots, q_m\}$ 计算全层次子序列集 $Q'=\{Q_0, Q_1, \cdots, Q_h, \cdots, Q_M\}$，从 Q' 中均匀抽取出 k 个子序列集合，记为 $Q''=\{Q'_1, Q'_2, \cdots, Q'_i, \cdots, Q'_k\}$，其中 $Q'_i=Q_{(M-i\times[\frac{M}{k}])}$（$i=1, 2, \cdots, k$）。

（2）对时间序列 $P=\{p_1, p_2, \cdots, p_j, \cdots, p_n\}$ 计算全层次子序列集 $P'=\{P_0, P_1, \cdots, P_h, \cdots, P_N\}$，从 P' 中均匀抽取出 k 个子序列集合，记为 $P''=\{P'_1, P'_2, \cdots, P'_i, \cdots, P'_k\}$，其中 $P'_i=P_{(N-i\times[\frac{N}{k}])}$（$i=1, 2, \cdots, k$）。

（3）对 Q'' 和 P'' 中的每一对分段子序列集合（Q'_i, P'_i）计算相似度，记为 *Similarity*（Q'_i, P'_i），具体步骤如下：

1）将 $Q'_i=\{Q'_{i1}, Q'_{i2}, \cdots, Q'_{iui}\}$（$ui$ 为 Q'_i 中子序列的数目）转化为其对应的特征子序列 $\tilde{Q}'_i=\{(\mu_{Q'_{i1}}, l_{Q'_{i1}}, \gamma_{Q'_{i1}}), (\mu_{Q'_{i2}}, l_{Q'_{i2}}, \gamma_{Q'_{i2}}), \cdots, (\mu_{Q'_{iu_i}}, l_{Q'_{iu_i}}, \gamma_{Q'_{iu_i}})\}$，记为 $\tilde{Q}'_i=\{\tilde{Q}'_{i1}, \tilde{Q}'_{i2}, \cdots, \tilde{Q}'_{iu_i}\}$。

2）将 $P'_i=\{P'_{i1}, P'_{i2}, \cdots, P'_{i\nu_i}\}$（$\nu i$ 为 P'_i 中子序列的数目）转化为其对应的

特征子序列$\tilde{P}'_i = \{(\mu_{P'_{i1}}, l_{P'_{i1}}, \gamma_{P'_{i1}}), (\mu_{P'_{i2}}, l_{P'_{i2}}, \gamma_{P'_{i2}}), \cdots, (\mu_{P'_{iu_i}}, l_{P'_{iu_i}}, \gamma_{P'_{iu_i}})\}$，记为$\tilde{P}'_i = \{\tilde{P}'_{i1}, \tilde{P}'_{i2}, \cdots, \tilde{P}'_{iv_i}\}$。

3）生成 $ui \times vi$ 的矩阵 $M(\tilde{Q}'_i, \tilde{P}'_i)$，其中

$$M(\tilde{P}'_i, \tilde{P}'_i) = \begin{bmatrix} d(\tilde{Q}'_{i1}, \tilde{P}'_{i1}) & d(\tilde{Q}'_{i1}, \tilde{P}'_{i2}) & \cdots & d(\tilde{Q}'_{i1}, \tilde{P}'_{iv_i}) \\ d(\tilde{Q}'_{i2}, \tilde{P}'_{i1}) & d(\tilde{Q}'_{i2}, \tilde{P}'_{i2}) & \cdots & d(\tilde{Q}'_{i2}, \tilde{P}'_{iv_i}) \\ \vdots & \vdots & & \vdots \\ d(\tilde{Q}'_{iu_i}, \tilde{P}'_{i1}) & d(\tilde{Q}'_{iu_i}, \tilde{P}'_{i2}) & \cdots & d(\tilde{Q}'_{iu_i}, \tilde{P}'_{iv_i}) \end{bmatrix}$$

$$d(\tilde{Q}'_{ii}, \tilde{P}'_{ij}) = \sqrt{\left(1 - \frac{\mu_{P'_{ij}}}{\mu_{Q'_{ii}}}\right)^2 + \left(1 - \frac{l_{P'_{ij}}}{l_{Q'_{ii}}}\right)^2 + \left(1 - \frac{\gamma_{P'_{ij}}}{\gamma_{Q'_{ii}}}\right)^2}$$。

4）使用 PDTW 算法对矩阵 $M(\tilde{Q}'_i, \tilde{P}'_i)$ 进行最小弯曲路径的搜寻，并把该路径的成本值作为子序列集合 Q'_i 和 P'_i 的距离 $Distance(Q'_i, P'_i)$；

5）子序列集合 Q'_i 和 P'_i 的相似度 $Similarity(Q'_i, P'_i) = \frac{1}{Distance(Q'_i, P'_i)}$。

（4）时间序列 Q 和 P 的相似度 $Similarity(Q, P) = \frac{\sum_{i=1}^{k} Similarity(Q'_i, P'_i)}{k}$。

四、HTDW 算法与 IHDTW 算法的实验对比与分析

1. 实验框架

（1）数据集。

采用数据集 4－1 和数据集 4－2，具体描述参见本章第二节。

（2）实验方案。

实验一：分别采用动态时间弯曲算法（DTW）和改进的动态时间弯曲算法（PDTW）对数据集 4－1 和数据集 4－2 进行聚类计算，比较两种方法的聚类精度和效率。

实验二：分别采用分层的动态时间弯曲算法（HDTW）和改进的分层动态时间弯曲算法（IHDTW）对数据集 4－1 和数据集 4－2 进行聚类计算，比较两种方法的聚类精度。

2. 实验结果分析

（1）实验一的结果分析。

本实验的目的是通过聚类精度的比较来分析动态时间弯曲算法（DTW）和改进的动态时间弯曲算法（PDTW）的优劣。图 4－15 展示了 DTW 算法与 PDTW 算法在数据集 4－1 中每组数据的聚类精度的比较。从图中可以看到，使用 DTW 算法进行相似性度量得到的聚类精度的变化范围在 0.65～0.9，使用 PDTW 算法进行相似性度量得到的聚类精度的变化范围在 0.7～0.9，而且，PDTW 算法得到的聚类精度略好于 DTW 算

法。图 4 –16 展示了 DTW 算法与 PDTW 算法在数据集 4 –1 中的平均聚类精度和平均运算时间的比较。从图中可以看出，DTW 算法获得的平均聚类精度接近 0.78，而 PDTW 算法获得的平均聚类精度接近 0.81，稍好于 DTW 算法。另外，从运算时间来看，PDTW 算法具有明显的优势，其运算时间与 DTW 算法相比大约减少了 30%。

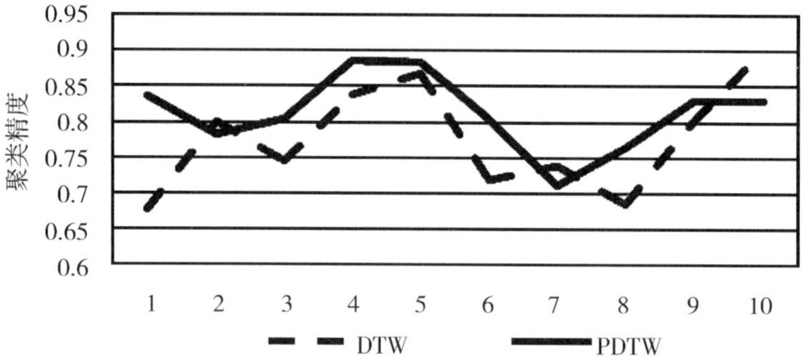

图 4 –15　两种算法在数据集 4 –1 中的每组聚类精度的对比

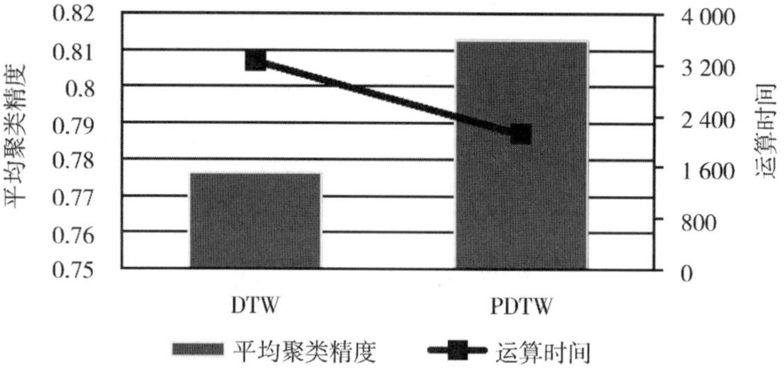

图 4 –16　两种算法在数据集 4 –1 中的平均聚类精度和运算时间的对比

图 4 –17 展示了 DTW 算法与 PDTW 算法在数据集 4 –2 中每组数据的聚类精度的比较。从图中可以看到，使用 DTW 算法进行相似性度量得到的聚类精度的变化范围在 0.65 ~0.95，使用 PDTW 算法进行相似性度量得到的聚类精度的变化范围在 0.75 ~ 0.95，而且 PDTW 算法得到的聚类精度略好于 DTW 算法。图 4 –18 展示了 DTW 算法与 PDTW 算法在数据集 4 –2 中的平均聚类精度和平均运算时间的比较。从图中可以看出，DTW 算法获得的平均聚类精度接近 0.80，而 PDTW 算法获得的平均聚类精度接近 0.83，稍好于 DTW 算法。另外从运算时间来看，PDTW 算法具有明显的优势，其运算时间与 DTW 算法相比大约减少了 35%。并且通过比较图 4 –15 到图 4 –18 后发现，针对不等长的数据集 4 –2，DTW 算法和 PDTW 算法都能获得比等长的数据集 4 –1 更好的效果。

从以上基于数据集 4 –1 和数据集 4 –2 的实验来看，可以得到以下结论：PDTW 算法在相似性度量的准确性和效率方面都是优于 DTW 算法的。

（2）实验二的结果分析。

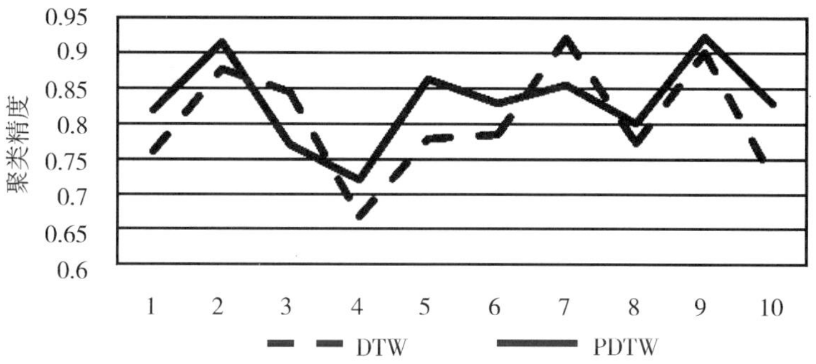

图 4－17　两种算法在数据集 4－2 中的每组聚类精度的对比

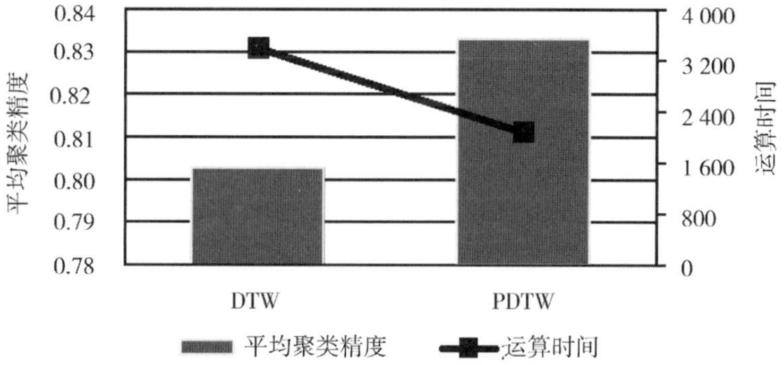

图 4－18　两种算法在数据集 4－2 中的平均聚类精度和运算时间的对比

本实验的目的是通过等长的数据集 4－1 和不等长数据集 4－2 来比较 HDTW 算法及其改进算法 IHDTW 的优劣。图 4－19 展示了 IHDTW 算法中随着选择的分层数目的变化，数据集 4－1 中 10 组数据的聚类精度的变化情况，横轴表示选择的分层数目 k，取值范围为 1～10，纵轴表示 10 组数据的聚类精度，从图中可以看到，使用 IHDTW 算法得到的聚类精度取值为 0.65～1.0，并且，从总体的趋势看，聚类精度随着分层数目的增加而增加。图 4－20 展示了在数据集 4－2 中随着分层数目的变化 IHDTW 算法得到的聚类精度的变化情况，与在数据集 4－1 中的情况类似，聚类精度同样是随着分层数目的增加而不断增加，其取值范围为 0.7～1.0。

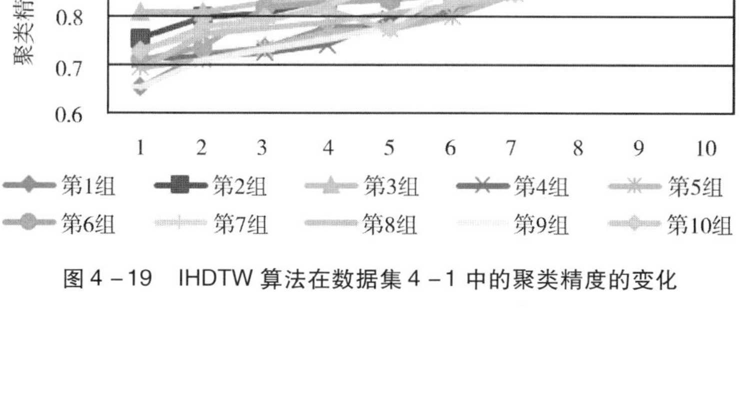

图 4－19　IHDTW 算法在数据集 4－1 中的聚类精度的变化

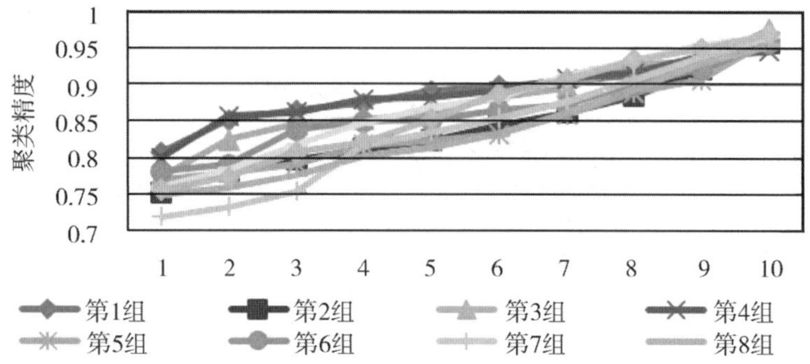

图 4 -20 IHDTW 算法在数据集 4 -2 中的聚类精度的变化

图 4 -21 和图 4 -22 分别展示了数据集 4 -1 和数据集 4 -2 中使用 HDTW 算法和 IHDTW 算法得到的每个层次的平均聚类精度的对比。从两幅图中可以看到，HDTW 算法的结果与层次的取值无明显的线性关系，而 IHDTW 算法的聚类精度结果随着分层数目的增加而不断提升。图 4 -23 展示了两种算法的总平均聚类精度的对比，从图中可以看到在两个数据集中，IHDTW 算法的效果都是优于 HDTW 算法的。

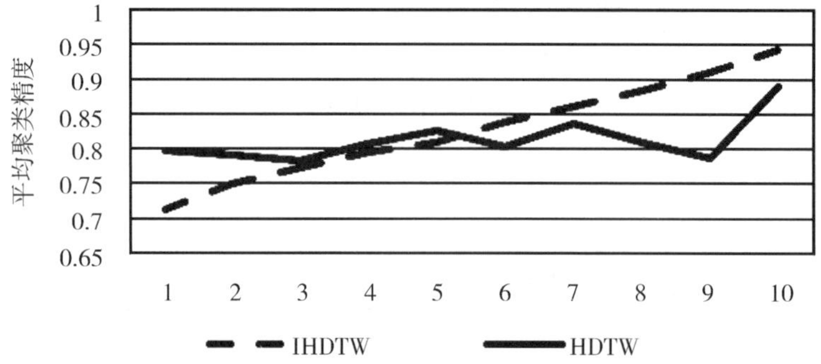

图 4 -21 两种算法在数据集 4 -1 中的各层平均聚类精度对比

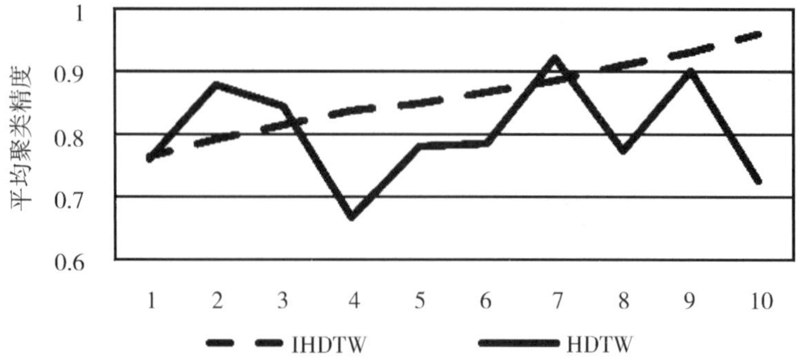

图 4 -22 两种算法在数据集 4 -2 中的各层平均聚类精度对比

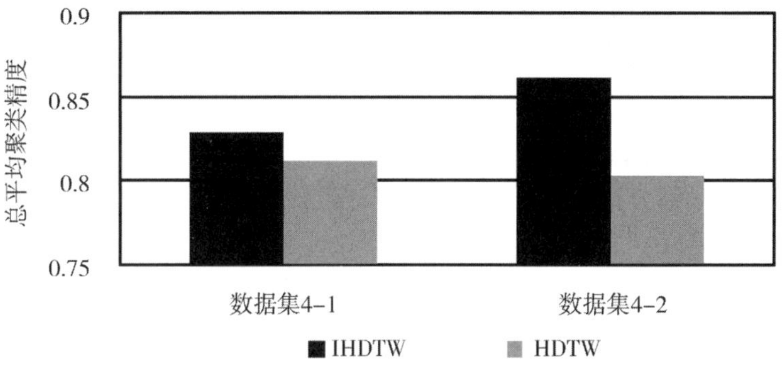

图 4-23　两种算法的总平均聚类精度的对比

第四节　基于事件的时间序列相似性度量方法

相似性度量算法对于数据分析与挖掘的过程非常重要，大量的相似性度量的方法都通过采用各种技术大大提高了时间序列相似性度量的准确度和效率，但是，它们大多忽略了实际应用过程中的用户需求。在不同的时间序列分析应用环境中，用户的需求和关注点往往是不一样的。例如，在股票市场中，用户更加关注股票价格的变化趋势，特别是存在大幅上涨或者下跌的事件；而在地震预测中，用户更加关注是否发生地震？在何时何地发生？因此，在时间序列分析中引入用户的关注点是非常重要的。

本节提出的方法通过对事件的定义引入用户的关注点，提出了基于事件的时间序列相似性度量方法（Time Series Similarity Matching Based on Event，SMBE）。针对不同类型的时间序列，用户可定义不同的事件函数，在相似性度量过程中充分体现用户的需求和关注点，从而使得相似性度量的结果更加具有实际意义。本节将结合金融时间序列的需求来讨论 SMBE 算法。

一、相关定义

定义 4-8（事件函数）：用户的需求和关注点可定义为一个事件函数，记为 $E(e, T, \rho)$，其中 e 表示事件的内容，T 表示事件持续的单位时间，ρ 表示事件发生的程度。参数 T 和 ρ 是可选的，因此事件函数 $E(e, T, \rho)$ 有以下几种形式。

（1）$E(e)$ 表示事件 e 是否发生；$E(e)=1$ 表示事件 e 发生；$E(e)=0$ 表示事件 e 未发生。

（2）$E(e, T)$ 表示在 T 单位时间内发生事件 e 的程度；$E(e, T)$ 的取值范围可根据需要选取，比如，$E(e, T)=\{高, 中, 低\}$ 或者 $-0.1 \leq E(e, T) \leq 0.1$；$E(上涨, 3)>0.05$ 表示在 3 个单位时间内（例如：3 天）事件"上涨"发生的程度为 0.05，在具体的股票时间序列中可解释为"股票价格在三天内上涨超过 5%"。

（3）$E(e, \rho)$ 表示事件 e 发生到 ρ 的程度需要的单位时间，$E(e, \rho)$ 的取值为

整数；若事件 e 不可能发生，则 $E(e, \rho)$ 取值为 -1；否则，取值为对应的单位时间个数。

（4）$E(e, T, \rho)$ 表示事件 e 是否在 T 单位时间内发生到 ρ 的程度；若能够发生，则 $E(e, T, \rho)$ 取值为1；否则，取值为0。

在实际的时间序列分析过程中，用户可根据自己的需求来进行事件函数及其参数的设置。结合金融时间序列分析的需要，主要讨论事件函数取 $E(e, T, \rho)$ 时的时间序列相似性度量问题。

定义4-9（事件序列）：根据事件函数的定义对原始时间序列进行转换得到事件序列。事件序列的取值就是对应的事件函数的取值。

例如：设原始序列为 $S\{s_1, s_2, \cdots, s_n\}$，时间序列事件定义为 E（上涨，3），则转化得到的事件序列为 $S_E\{S_E[1], S_E[2], \cdots, S_E[n]\}$，其中 $S_E[i] = \frac{si - si-3}{si-3}$。

定义4-10（事件相似性）：设 S 和 R 是两个不同的时间序列，S_E 和 R_E 分别为 S 和 R 的事件序列。设 $S_E[i]$ 和 $R_E[j]$ 分别为 S_E 和 R_E 中的任意元素，则定义 $Simi(S_E[i], R_E[j])$ 为 $S_E[i]$ 和 $R_E[j]$ 的事件相似性，具体定义如公式（4-10）。

$$Simi(S_E[i], R_E[j]) = \frac{\delta(S_E[i], R_E[j]) \times \omega(S_E[i], R_E[j])}{\gamma(i, j)} \tag{4-10}$$

（1）事件误差函数 $\delta(S_E[i], R_E[j])$ 定义如公式（4-11），α 为事件误差阈值，由用户根据需要确定。事件误差阈值 α 越小，表示两个元素的事件发生程度差别越小。$S_E[i]$ 和 $R_E[j]$ 两元素可以对应不同的时间点。

$$\delta(S_E[i], R_E[j]) = \begin{cases} 1, & |S_E[i] - R_E[j]| \leq \alpha \\ 0, & |S_E[i] - R_E[j]| > \alpha \end{cases} \tag{4-11}$$

（2）权重函数 $\omega(S_E[i], R_E[j])$ 的定义如公式（4-12），β 为事件重要性阈值，由用户根据需要确定。事件发生程度大于 β 的事件被称为重要事件，赋予较大的权重，而对于不太重要的事件，则赋予较小的权重。

$$\omega(S_E[i], R_E[j]) = \begin{cases} \max\{|S_E[i]|, |R_E[j]|\}, & |S_E[i]| \geq \beta \text{ 或者 } |R_E[j]| \geq \beta \\ \min\{|S_E[i]|, |R_E[j]|\}, & \text{其他} \end{cases} \tag{4-12}$$

（3）时间惩罚因子 $\gamma(i, j)$ 的定义如公式（4-13），$S_E[i]$ 和 $R_E[j]$ 两元素可以对应不同的时间点。当两事件元素位于同一时间点时，$\gamma(i, j)$ 的取值为1，当两元素位于不同的时间点时，$\gamma(i, j)$ 的取值大于1。两元素时间点相差的程度越大，$\gamma(i, j)$ 的取值越大。

$$\gamma(i, j) = 1 + \frac{|i-j|}{T} \tag{4-13}$$

二、基于事件的时间序列相似性度量（SMBE）算法的具体描述

设有两条不同的时间序列 $S\ \{s_1,\ s_2,\ \cdots,\ s_m\}$ 和 $R\ \{r_1,\ r_2,\ \cdots,\ r_n\}$，其中 $m \leqslant n$。用户关注的事件函数定义为 $E\ (e,\ T)$，则基于事件的时间序列相似性度量方法（SMBE）的具体步骤如下：

（1）将时间序列 S 转化为基于 $E_{(}e,\ T)$ 的事件序列 S_E。

（2）将时间序列 R 转化为基于 $E_{(}e,\ T)$ 的事件序列 S_E。

（3）根据事件序列 S_E 和 R_E 建立矩阵

$$M\ (S_E,\ R_E)\ =$$

$$\begin{bmatrix} Simi\ (S_E\ [1],\ R_E\ [1]) & Simi\ (S_E\ [1]\ R_E\ [2]) & \cdots & Simi\ (S_E\ [1]\ R_E\ [n]) \\ Simi\ (S_E\ [2],\ R_E\ [1]) & Simi\ (S_E\ [2]\ R_E\ [2]) & \cdots & Simi\ (S_E\ [2]\ R_E\ [n]) \\ \vdots & \vdots & & \vdots \\ Simi\ (S_E\ [m],\ R_E\ [1]) & Simi\ (S_E\ [m]\ R_E\ [2]) & \cdots & Simi\ (S_E\ [m]\ R_E\ [n]) \end{bmatrix}。$$

（4）使用 PDTW 算法对矩阵 $M\ (S_E,\ R_E)$ 进行弯曲路径的搜寻，并把最大弯曲路径的取值作为事件序列 S_E 和 R_E 的相似度，记为 $Similarity\ (S_E,\ R_E)$；

（5）时间序列 S 和 R 的相似度 $Similarity\ (S,\ R)\ = Similarity\ (S_E,\ R_E)$。

三、DTW 算法与 SMBE 算法的实验对比与分析

1. 实验框架

（1）数据集。

采用数据集 4 -1 和数据集 4 -2，具体描述参见本章第二节。

（2）实验方案。

实验一：分别采用欧式距离（ED）、动态时间弯曲算法（DTW）和基于事件的时间序列相似性度量方法（SMBE）对数据集 4 -1 进行聚类计算，然后比较三种方法的聚类精度。

实验二：分别采用动态时间弯曲算法（DTW）和基于事件的时间序列相似性度量方法（SMBE）对数据集 4 -2 进行聚类计算，然后比较两种方法的聚类精度。

2. 结果分析

（1）SMBE 的参数设置。

图 4 -25 展示了采用基于事件的时间序列相似性度量方法（SMBE）对数据集 4 -1 进行聚类的结果，从图中可以看到，聚类的结果几乎与参数 β 没有太大的关系，主要是由参数 α 决定的。当 $\alpha = 0.07$ 时，在任意的参数 β 上都能获得最好的聚类精度。图4 -26 展示了采用基于事件的时间序列相似性度量方法（SMBE）对数据集 4 -2 进行聚类的结果，从图中可以看到，同样是参数 α 的取值对聚类精度结果的影响更大一些，当参数 α 的取值确定后，随着参数 β 的变化聚类精度的结果变化不大。但是当参数 β =

0.25 时，在所有的参数 α 上都能获得最高的聚类精度。因此 SMBE 的参数设置可为 $\alpha=0.07$，$\beta=0.25$。

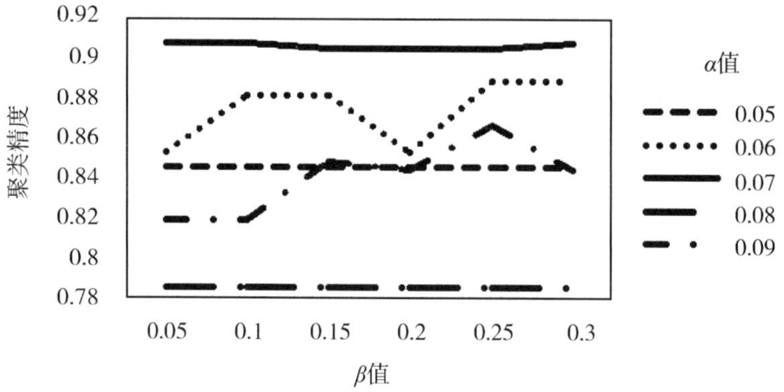

图 4－25 SMBE 算法在数据集 4－1 上的聚类精度变化

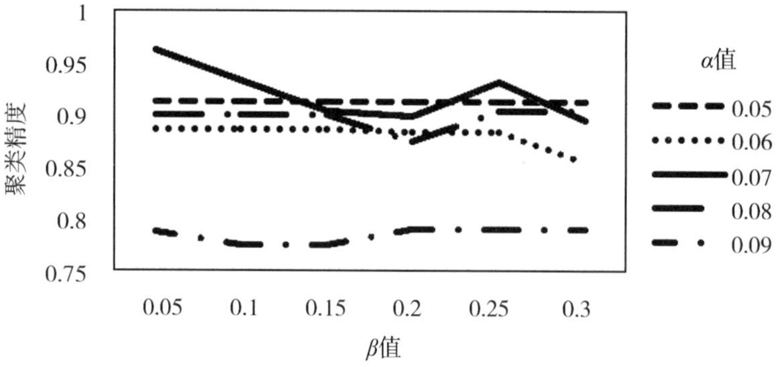

图 4－26 SMBE 算法在数据集 4－2 上的聚类精度变化

（2）实验结果分析。

图 4－27 展示了三种算法在数据集 4－1 和数据集 4－2 上的平均聚类精度的比较，从图中可以看到，基于事件的时间序列相似性度量方法（SMBE）得到的聚类结果是最好的。

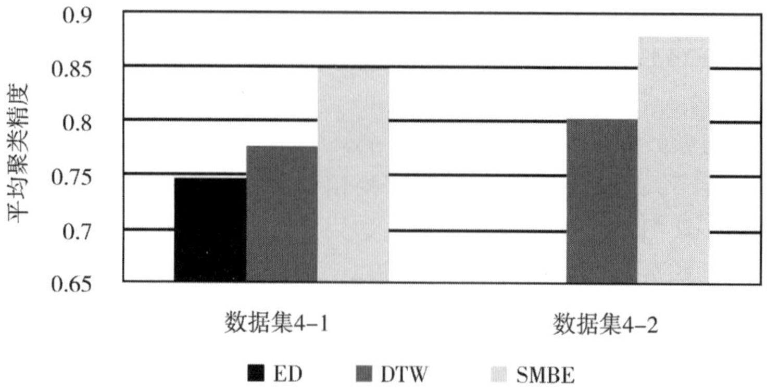

图 4－27 三种算法在两个数据集上的平均聚类精度的比较

第五节 本 章 小 结

本章主要研究金融时间序列相似性度量的方法。首先结合金融时间序列的特点，在第三章提出的分层极值点分段表示法（MEPS）的基础上提出了分层动态时间弯曲相似性度量方法（HDTW），该方法将每一分段层次的分段子序列看作二维空间的点（该点能反映分段子序列的均值和长度）来进行 DTW 计算，并取前 k 个层次的 DTW 相似性计算的结果来近似表示两条时间序列之间的相似度。然后，在 HDTW 的基础上提出了改进方法 IHDTW，从三个方面对 HDTW 算法进行了改进：①对时间序列 Q 和 P 分别计算全层次子序列集合 Q'和 P'，然后从中均匀抽取相对应的 k 组子序列的集合进行相似度计算，保证了参与子序列相似性度量的集合均匀分布在时间序列 Q 和 P 的各个层次上，提高了相似性度量的准确度；②在每一层次的分段子序列的表示中加入了趋势信息，进一步提高了相似性度量的准确度；③放宽了动态时间弯曲技术（DTW）中对于弯曲路径连续性和端点的要求，提出了改进的动态时间弯曲算法（PDTW）来进行相似性度量，提高了相似性度量的效率。最后为了满足实际用户的需求，通过事件的定义在相似性度量过程中引入用户的关注点，提出基于事件的时间序列相似性度量方法（SMBE），并结合用户对于金融时间序列的增幅的关注，重点讨论了采用事件函数 $E(e, T)$ 的 SMBE 算法，在相似性度量过程中充分体现了用户对于涨跌幅度的关注。

第五章　金融时间序列的关联规则分析

关联规则挖掘发现大量数据中项集之间有趣的关联或相关联系。随着大量数据不断被收集和存储，人们对于从大型数据库中挖掘关联规则越来越感兴趣。从大量商业事务记录中发现有趣的关联关系，可以帮助制定许多有效的商务决策。对于金融时间序列的模式挖掘来说，关联规则分析也是一项非常重要的任务，特别是在金融时间序列的价格区间和未来趋势的预测方面，关联规则挖掘是非常常用的一类方法。本章主要研究金融时间序列的时序关联规则的挖掘和动态的时间序列关联模式挖掘方法。

第一节　关联规则的基本知识

一、关联规则的基本概念

自从 1993 年 Agrawal 等率先提出关联规则的概念以来，关联规则挖掘的问题受到了数据挖掘领域研究者的广泛关注。关联规则的一个典型例子是购物篮分析，即通过分析顾客放入“购物篮”中的商品之间的关联关系来分析顾客的购买行为和习惯，从而指导零售商制定更好的营销策略。关联规则可描述为以下一般形式：进入商店的顾客有 $X\%$ 购买了计算机，在购买计算机的顾客中有 $Y\%$ 同时购买了杀毒软件。在规则中出现的两个百分比是规则的两种兴趣度度量，$X\%$ 是支持度，$Y\%$ 是置信度，两者构成了关联规则的支持度-置信度框架。通常，用户会根据需求指定最小支持度阈值和最小置信度阈值，同时满足这两个阈值的关联规则被称为是有趣的。

设有 m 个不同的项组成的集合 $I=\{I_1, I_2, \cdots, I_m\}$。给定事务数据库 D，其中每个事务 T 是 I 中一组项的集合，即 $T\subseteq I$，每个 T 分配一个唯一的标识符 TID。若项集 $A\subseteq I$ 且 $A\subseteq T$，则称事务 T 包含项集 A。如果项集 A 中包含 k 个项，则称为 k 项集。

定义 5-1（关联规则）：关联规则是形如 $A\Rightarrow B$ 的蕴含式，其中 $A\subset I$，$B\subset I$，$A\cap B=\varnothing$。关联规则 $A\Rightarrow B$ 在事务数据库 D 中成立，具有支持度 s，s 是 D 中事务包含（$A\cap B$）的百分比，记为 $Support\ (A\Rightarrow B)=P\ (A\cup B)$。关联规则 $A\Rightarrow B$ 在事务数据库 D 中的置信度 c 是 D 中包含 A 的事务同时也包含 B 的百分比，记为 $Confidence\ (A\Rightarrow B)=P\ (B|A)$。

定义 5-2（强关联规则）：设用户指定的最小支持度为 min_sup，最小置信度为 min_ *conf*。若 $Support\ (A\Rightarrow B)\geqslant$ min_sup 并且 $Confidence\ (A\Rightarrow B)$ min_ *conf*，则称关联规则（$A\Rightarrow B$）为强关联规则。

关联规则的任务就是在数据库中挖掘出所有的强关联规则，即在事务数据库中找出所有满足用户定义的最小支持度 min_sup 和最小置信度 min_ *conf* 的关联规则。每一条被挖掘出来的关联规则可以用一个蕴含式和两个阈值唯一标识，置信度表示关联规则的强度，是对其正确程度的衡量，支持度表示规则的频度，是对其重要性的衡量。如果关联规则的置信度很高但支持度不高，说明该规则的实用性较低，反之，则说明该规则的可靠性较低。

定义5－3（频繁项集）：如果一个项集 A 满足最小支持度阈值 min_ sup，即 *Support*（A）≥min_ sup，则称它为频繁项集（Frequent Itemset），频繁 k 项集通常记为 L_k。反之，不满足最小支持度的项集称为非频繁项集。

定义5－4（候选项集）：候选项集是潜在的频繁项集的集合，是频繁（$k-1$）项集 L_{k-1}的超集，含有 k 项的候选集记为 C_k，由它构成频繁项集 L_k。

关联规则的挖掘是一个两步的过程：

（1）找出所有的频繁项集。所有的频繁项集必须满足用户定义的最小支持度。

（2）由频繁项集产生强关联规则。所有的强关联规则必须满足用户定义的最小支持度和最小置信度。

二、时间序列关联规则分析

时间序列的时序关联规则是与时间有关的关联规则，研究时间序列模式序列中的元模式或者序列模式之间的关联关系，主要包括时间序列模式序列的频繁模式获取、强时间序列关联规则的生成以及强时间序列关联规则的解释与评价[54]。

定义5－5：时间序列 X 的模式序列为 $S_X=\{M_1, M_2, \cdots, M_N\}$，则称元模式 $M_i=(\alpha_i, \Delta t_{Xi})$ 或者序列模式 $S=M_jM_{j+1}\cdots M_{j+k-1}$ 为模式序列 S_X 的事件。时间序列的模式序列的元模式 $M_i=(\alpha_i, \Delta t_{Xi})$ 表示时间长度为 Δt_{X_i}的增减趋势为 α_i 的事件。

定义5－6：如果元模式 $M_i=(\alpha_i, \Delta t_{Xi})$ 或者序列模式 $S=M_jM_{j+1}\cdots M_{j+k-1}$在模式序列 S_X 中出现，那么称事件 M_i 或者 S 在 S_X 中发生。

定义5－7：时间序列 X 的模式序列为 $S_X=\{M_1, M_2, \cdots, M_N\}$，如果在 S_X 中事件 A 发生后的 T 时间内事件 B 也发生，那么称 $A\xrightarrow{T}B$ 为关于事件 A、事件 B 和时间段 T 的时序关联规则，事件 A 和事件 B 分别称为时序关联规则 $A\xrightarrow{T}B$ 的前件和后件。当事件 B 是元模式时，称时序关联规则 $A\xrightarrow{T}B$ 为元时序关联规则。

时间序列 X 的模式序列为 $S_X=\{M_1, M_2, \cdots, M_N\}$，在 S_X 中所有长度为 k 的序列模式组成的集合记为 $S_{Xk}=\{S_jS_{j+1}\cdots S_{j+k-1} \mid j=1, \cdots, N-k+1\}$。对于长度为 N 的模式序列就有 N 个不同的序列模式集，当 $k=1$ 时，S_{Xk}就是元模式集，当 $k=N$ 时，在 S_{Xk}中只有一个序列模式 S_X。

定义5－8：给定时间序列 X 的模式序列 $S_X=\{M_1, M_2, \cdots, M_N\}$ 中的序列模式为

$S_0=M_1M_2\cdots M_m$，集合 S_{Xm} 是包含 S_0 的序列模式集。将 S_{Xm} 分类得到 $\{C_1, C_2, \cdots, C_k\}$，总存在唯一的类 $C_0\in\{C_1, C_2, \cdots, C_k\}$ 使得 $S_0\in C_0$，称 $|C_0|$ 为序列模式 $S_0=M_1M_2\cdots M_m$ 出现的次数，或者说事件 S_0 在 S_X 中发生的次数，记为 $E(S_X, S_0)$。

定义 5-9：时间序列 X 的模式序列为 S_X，事件 $A\in S_X$，事件 $B\in S_X$，且事件 A 发生后的 T 时间内事件 B 也发生，与事件 A 相似的事件集为 $S_A=\{A_1, A_2, \cdots, A_r\}$，与事件 B 相似的事件集为 $S_B=\{B_1, B_2, \cdots, B_k\}$，在 S_B 中搜索出 S_A 中每个模式发生后的 T 时间段内发生的模式，记为 $S'_B=\{B_1, B_2, \cdots, B_{k'}\}$，称 k' 为事件 A 发生后 T 时间内事件 B 发生的次数，记为 $E_T(S_X, AB)$。

定义 5-10：给定时间序列 X 的模式序列 $S_X=\{M_1, M_2, \cdots, M_N\}$ 和序列模式 $S_0=M_1M_2\cdots M_m$，对于给定的正常数 ε，有 $\frac{E(S_X, S_0)}{|S_X|}>\varepsilon$ 成立，称 S_0 是模式序列 S_X 的频繁模式，$\frac{E(S_X, S_0)}{|S_X|}$ 为模式 S_0 的支持度，记为 $Sup(S_X, S_0)$。

定义 5-11：时间序列 X 的模式序列为 S_X，$A\xrightarrow{T}B$ 是模式序列的时序关联规则，则有

$$Con(A\xrightarrow{T}B)=\frac{E_T(S_X, AB)}{E(S_X, A)}$$

为规则 $A\xrightarrow{T}B$ 的置信度。

定义 5-12：时间序列 X 的模式序列为 S_X，$A\xrightarrow{T}B$ 是模式序列的时序关联规则，给定最小支持度 min_ sup >0，最小置信度 min_ conf >0，如果有：

$Sup(A\xrightarrow{T}B)>\text{min\_ sup}$,

$Con(A\xrightarrow{T}B)>\text{min\_ conf}$,

同时成立，称时间序列时序关联规则 $A\xrightarrow{T}B$ 为强时序关联规则。

三、关联规则的方法

1. Apriori 算法

Apriori 算法是一种最有影响的挖掘布尔关联规则频繁项集的算法，该算法利用频繁项集性质的先验知识，使用逐层搜索的迭代方法来找出所有的频繁项集。首先扫描事务数据库 D 统计事务和各个不同的项出现的次数，根据最小支持度 min_ sup 找到所有的频繁 1 项集 L_1，然后用 L_1 寻找频繁 2 项集 L_2，用 L_2 寻找频繁 3 项集 L_3，如此下去，直到不能找到频繁项集 L_k。寻找每个 L_k 时都需要扫描一次数据库。为提高频繁项集逐层产生的效率，使用 Apriori 性质来压缩搜索空间。Apriori 算法的具体描述如图 5-1 所示。

```
输入：事务数据库 D，最小支持度阈值 min_ sup
输出：事务数据库 D 的频繁项集 L
L1 =find_ frequent_ 1 - itemsets (D)          //频繁 1 项集
For (k =2; L(k-1) ≠∅; k + + ) {
    Ck = apriori_ gen (L(k-1), min_ sup)        //新的候选项集
    For each transaction t∈D {                //扫描 D 中的事务
        Ct = subset (Ck, t)                    //事务 t 中包含的候选项集
        For each candidate c∈Ct
      c. count + +
    }
    Lk = {c∈Ck | c. count≥min_ sup}
}
Return L = ∪Lk
Procedure find_ frequent_ 1 - itemsets (D) {   //寻找频繁 1 项集
    For each item  i∈D   {
        If i. count / |D| ≥min_ sup then
            Add i to L1
        EndIf
    }
Procedure apriori_ gen (L(k-1), min_ sup)
    Begin
      For each itemset I1 ∈L(k-1)
        For each itemset I2 ∈L(k-1)
          If (I1 [1] =I2 [1]) ∧ (I1 [2] =I2 [2]) ∧…∧ (I1 [k-2] =I2 [k-2]) ∧
          (I1 [k-1] =I2 [k-1])   then
          Begin
              c = I1 ∞ I2      //连接：产生候选项集集合
              If  has_ infrequent_ subset (c, L(k-1))   then
                  Delete  c        //剪枝：删除非频繁候选项集
              Else add c to Ck
          End
        Return Ck
  End
Procedure has_ infrequent_ subset (c, L(k-1))
//判断候选 k 项集的 (k-1) 子项集是否都是频繁 k 项集
  Begin
        For each (k-1)  - subset s of c
          If  s⊄L(k-1)   then
              Return TRUE
        Return FALSE
End
```

图 5－1　Apriori 算法的具体描述

定义 5－13（Apriori 性质）：频繁项集的所有非空子集都必须也是频繁的。Apriori 性质基于如下观察：如果项集 I 不满足最小支持度阈值，即 $Support(I) < min\_sup$，则项集 I 不是频繁项集。如果将项集 A 添加到项集 I，则结果项集（$I \cup A$）不可能比项集 I 更频繁，因此，项集（$I \cup A$）也不是频繁的，即 $Support(I \cup A) < min\_sup$。

（1）连接步：为寻找频繁 k 项集 L_k，通过 L_{k-1} 与自身连接产生候选 k 项集，记为 C_k。其中，L_{k-1} 的元素必须是可连接的。

（2）剪枝步：C_k 是 L_k 的超集，所有的频繁 k 项集都包含在 C_k 中。扫描数据库，确定 C_k 中的每一个项集的计数，从而确定 L_k。但是，当 C_k 很大时，所涉及的计算量也很大。使用 Apriori 性质可以压缩 C_k，如果一个候选 k 项集的（$k-1$）项集不在 L_{k-1} 中，那么该候选项集也不可能是频繁的，从而可以由 C_k 中删除。

一旦从事务数据库中找到频繁项集，就可以由它们产生强关联规则。置信度可使用公式（5－1）计算，其中条件概率用项集支持度计数表示。

$$confidence(A \Rightarrow B) = P(A \mid B) = \frac{Support\_count(A \cup B)}{Support\_count(A)} \tag{5-1}$$

$Support\_count(A \cup B)$ 是包含项集（$A \cup B$）的事务数，$Support\_count(A)$ 是包含项集 A 的事务数。根据该式，关联规则可以产生如下：

● 对于每个频繁项集 l，产生 l 的所有非空子集。

● 对于 l 的每个非空子集 s，如果 $\frac{Support\_count(l)}{Support\_count(s)} \geq min\_conf$，则输出规则 $s \Rightarrow (l-s)$。其中，min_conf 是最小置信度阈值。

2. AprioriTid 算法

为了避免多次扫描数据库，产生了 Apriori 算法的改进算法 AprioriTid 算法。该算法也需要先确定候选项目集合，但是它在第一次遍历之后就不再使用数据库 D 来计算支持度，而是使用 C_k 来完成。C_k 中每个成员的形式为（TID，$\{X_k\}$），TID 表示事务的标识符，每个 X_k 表示一个潜在的 k 项集。对于 $k=1$，C_1 对应于数据库 D；对于 $k>1$，通过算法产生 C_k。在集合 C_k 中，与事务 t 对应的成员为（$t.TID$，$\{c \in C_k \mid t$ 中包含的 $c\}$），若事务不包含任何候选项集，则此事务没有条目。因此，对于大值的 k 而言，C_k 中的条目数会远远小于数据库 D 中的事务数，而且每个条目的规模也小于相应事务。但是，对于小值的 k 而言，每个条目会比相应的事务要大。AprioriTid 算法的具体描述如图 5－2 所示。

3. ES－Apriori 算法

为了减少数据库扫描次数，减少程序运行消耗的内存，董泽坤等在 Apriori 算法的基础上，按照“分而治之”的思想提出了 ES－Apriori 算法。ES－Apriori 算法在第一阶段遍历数据库并构造 C_1 频繁候选集，同时记录每个 C_1 的 IID，包含此 IID 的 TID 集合和 TID 集合的计数值，计数值满足最小支持度阈值的 C_1 将加入到 L_1 中。在第二阶段，

```
L_1 = {大项目集1项目集};
C_1 = 数据库 D;
For (k=2; L_{k-1} ≠ ∅; k++)    do begin
    C_k = Apriori-gen (L_{k-1});
    C̄_k = ∅;
    For 所有条目 t ∈ C̄_{k-1}    do begin
      C_t = {c ∈ C_k | (c-c[k]) ∈ t. 项目集的集合 ∧ (c-c[k-1]) ∈ t. 项目集的集合};
      For 所有候选 c ∈ C_t   do begin
          c. count++;
          If (C_t ≠ ∅) then C̄_k += <t. TID, C_t>;
      End
    L_k = {c ∈ C_k | c. count ≥ min_sup}
    End
频繁项集 = ∪_{k=1}^{m} L_k
End
```

图 5-2　AprioriTid 算法的具体描述[55]

挑出所有的 e_t（0）项，并以每个 e_t（0）项为一步，每步构造所有包含这个e_t（0）项的频繁项集。新产生的频繁 k 项集的｛*IID*｝由两个（$k-1$）项集的｛*IID*｝的并集组成，｛*TID*｝由两个（$k-1$）项集的｛*TID*｝的交集组成。然后，输出包含 e_t（0）项的关联规则。将每一步得到的关联规则集合并在一起就是所有关联规则的集合。ES-Apriori 算法的具体描述如图 5-3 所示。

AprioriTid 算法通过构造一个不断收缩的临时数据库，减少了扫描数据库的开销。但是，AprioriTid 算法只是降低了单次的数据库扫描空间，而总的扫描次数没有降低。ES-Apriori 算法继承并拓展了 AprioriTid 算法的思想，通过改变它的数据结构，将 <*TID*，｛*IID*｝>改进为 <*IID*，｛*TID*｝>，使得算法扫描数据库的开销进一步减少。ES-Apriori算法仅在产生时扫描一次数据库。以多元时间序列合并集 D 的第 T_s 个观察值集合为参考起始点，如果 T_{s+x}集合中包含项 e_i，则在记录包含 e_i（x）项的 *TID* 链表中加入 T_s 的 *TID*。如果 *TID* 的计数值超过最小支持度计数值，将 e_i（x）项加入到 L_1 频繁项集。由于所有的信息都被保存在 L_1 中，则可由 L_1 构造 C_2，直接连接两个 L_1：$l_1 \infty l_2$，并求 l_1 和 l_2 的｛*TID*｝的交集，计算交集中 *TID* 的个数就是 $l_1 \infty l_2$ 的支持度计数。这样就可以不用扫描数据库直接生成候选集 C_k，然后得到频繁项集 L_k。

```
Step 1
C1 = { {ei (x)} | (ei (x) ∈ ∑) ∧ (0≤x≤ω-1)}
For each inter-time series transaction Ts in D
    For each candidate c: ei (x) ∈ C1 (ei ∈ Ts+x)
            {c. TID} ∪ = Ts. TID
L1 = { <c. IID, {c. TID} >, c: {ei (x)} | (c∈C1) ∧c. IID = ei (x). IID∧ (|c. TID|≥Support)}
Step 2
For each item: ei (0) ∈ L1 {
    For each item: ek (x) ∈ L1 ( (x≠0) ∨ (x=0∧t<k))
        C'2 = {ei (0), ek (x)}
      For each candidate c∈C'2: {ei (0), ek (x)} {
            {c. IID} = {ei (0). IID} ∪ {ek (x). IID};
            {c. TID} = {ei (0). TID} ∩ {ek (x). TID}
      }
    L'2 = { < {c. IID}, {c. TID} >, c: {ei (0), ek (x)} | (c∈C'2) ∧ (|c. TID|≥support)}
        For (k=3; L'k-1≠∅; k++) {
          C'k = ES-Apriori-Gen (L'k-1);
        For each candidate c: {e1 (0), …, ek (x)} {
              {c. IID} = {e1 (0). IID} ∪…∪ {ek (x). IID};
              {c. TID} = {e1 (0). TID} ∪…∪ {ek (x). TID};
          }
    L'k = { <c. IID, {c. TID} >, c: {e1 (0), …, ek (x)} | c∈C'k ∧ (|c. TID|≥support)}
    }
    L' = ∪k L'k (k>1);
    R' = GenerateRule (L'∪L1)
}
R = ∪R'
```

图 5-3 ES-Apriori 算法的具体描述

第二节 基于 O-Aproiri 算法的多元时间序列跨事务关联规则挖掘

经典的频繁项集挖掘算法 Apriori 简单且容易操作，但是存在着两个重大的问题：①在运算过程中需要产生大量的候选项集；②需要重复地扫描数据库，每产生一次候选项集都需要扫描一次数据库，产生 k 频繁项集，就要扫描 k 次数据库。针对以上两个问题，研究者进行了广泛的研究，通过各种技术（例如散列、事务压缩和动态项集计数等技术）来提高 Apriori 算法的效率，但是都只取得了有限的效果。AprioriTid 算法仅在计算频繁 1 项集的时候对数据库进行一次扫描，然后使用 C_{k-1} 来计算项集的支持度得到频繁 k 项集。当 k 不断增加时，C_{k-1} 的大小将越来越小于原始数据库 D，使得计算速度大大提高，减少了 I/O 操作的时间和需要扫描的数据大小。但是，在循环的初始阶段，AprioriTid 算法产生的候选项集个数非常多，往往大于数据项的个数，导致构造的 TID 表比原始数据库 D 还要大得多，在求解频繁 2 项集和频繁 3 项集的过程中非常耗时。

本节首先提出了一种优化的 O - Apriori 算法，该方法通过构建频繁状态矩阵来存放项集的频繁状态，构建事务布尔矩阵来存放事务与项集的关系，此算法只需在初始化阶段扫描一次数据库产生初始的频繁状态矩阵和事务布尔矩阵，并在此基础上直接递推产生频繁项集，因此大大提高了算法的效率。然后在 O - Apriori 算法的基础上提出了基于可变支持度的 O - Apriori 算法（VSO - Apriori），对不同级别的频繁项集使用不同的最小支持度，可以获得更多有效的频繁项集。最后将 O - Apriori 算法应用于多元时间序列的跨事务关联规则挖掘的过程中，使用跨事务关联规则的定义对 O - Apriori 算法中的“递推频繁项集”的过程进行约简，大大提升了频繁项集的寻找效率。

一、O - Apriori 算法的相关定义与具体描述

O - Apriori 算法通过构建频繁状态矩阵来存放项集的频繁状态，构建事务布尔矩阵来存放事务与项集的关系，此算法只需在初始化阶段扫描一次数据库产生初始的频繁状态矩阵和事务布尔矩阵，并在此基础上直接递推产生频繁项集，因此大大提高了算法的效率。

定义 5 - 14（频繁状态矩阵 V）：频繁状态矩阵 V 是一个 $m \times m$ 的矩阵，其中 m 是项的个数，矩阵的元素 $V(i, j)$ 表示第 i 个项和第 j 个项组成的 2 项集的频繁状态。频繁状态矩阵 V 的性质如下：

（1）矩阵的元素 $V(i, j)$ 满足 $1 \leq i \leq m$，$2 \leq j \leq m$ 且 $i < j$。

（2）矩阵的元素 $V(i, j)$ 的取值范围为 $2 \leq V(i, j) \leq a$，其中 a 表示数据库 D 中事务具有的最大项集中项目的个数。

（3）$V(i, j) = k$ 表示第 i 个项和第 j 个项组成的 2 项集是某个频繁 k 项集的子集。

定义 5 - 15（事务布尔矩阵 T）[56]：事务布尔矩阵 T 是一个 $n \times m$ 的矩阵，其中 n 是事务的个数，m 是项的个数。矩阵 T 的元素 $T(i, j)$ 表示第 j 个项是否存在于第 i 个事务中，如果存在，则 $T(i, j)$ 被置为 1，否则，$T(i, j)$ 被置为 0。通过事务布尔矩阵 T，每一个项集可以获得一个事务支持标志，事务支持标志由 n 个 0、1 数值组成。如果第 i 位取 1，则表示第 i 个事务包含此项集，如果取 0，则表示第 i 个事务不包含此项集。例如对于第 1 个项 I_1，设它的事务支持标志为“100011001001”，记为 $\{I_1\}.index = 100011001001$，表示数据库中共有 12 个事务，其中第 1、5、6、9 和 12 个事务中包含了 I_1。

定理 5-1：若 $I_1I_2\cdots I_k$ 是频繁 k 项集，则 $I_2I_3\cdots I_k$ 一定是频繁（$k-1$）项集。

证明：（1）$I_2I_3\cdots I_k$ 是 $I_1I_2\cdots I_k$ 的子集；

（2）假设 $I_2I_3\cdots I_k$ 不是频繁（$k-1$）项集，则根据 Apriori 算法的性质：任何非频繁的（$k-1$）项集都不可能是频繁 k 项集的子集，可以推出 $I_1I_2\cdots I_k$ 不是频繁 k 项集；

（3）假设与 $I_1I_2\cdots I_k$ 是频繁 k 项集相矛盾，因此 $I_1I_2\cdots I_k$ 一定是频繁（$k-1$）项集。

O-Apriori 算法可分为三部分：第一部分是初始化阶段，根据数据库 D 产生初始的频繁状态矩阵 V 和事务布尔矩阵 T；第二部分是递推频繁 k 项集阶段，直到找到所有的频繁项集；第三部分是根据频繁项集产生关联规则阶段，由于与 Apriori 算法一样，在此不做描述。为了更好地展示 O-Apriori 算法的过程，将使用一个示例来进行说明，示例的数据库 D 如表 5-1 所示。

表 5-1　示例的数据库 D

事务标识号（*TID*）	项集列表
T_{01}	I_1，I_2，I_5，I_6，I_9
T_{02}	I_2，I_4，I_8
T_{03}	I_2，I_3，I_7，I_9
T_{04}	I_1，I_2，I_4
T_{05}	I_1，I_3，I_4，I_6，I_8
T_{06}	I_2，I_3，I_6，I_9
T_{07}	I_1，I_3，I_6，I_9
T_{08}	I_1，I_2，I_3，I_5，I_8
T_{09}	I_1，I_2，I_3，I_9
T_{10}	I_1，I_3，I_6，I_9
T_{11}	I_2，I_5，I_7，I_9
T_{12}	I_3，I_5，I_7
T_{13}	I_1，I_2，I_4，I_7
T_{14}	I_1，I_2，I_5，I_8

1. 初始化阶段

初始化阶段的主要任务是生成初始的频繁状态矩阵 V 和事务布尔矩阵 T，具体步骤如下，对应的伪代码如图 5-4 所示。

（1）将所有项按顺序排列，并为每个项分配一个顺序号。

（2）将所有的事务按顺序排列，并为每一个事务分配一个顺序号。

（3）扫描数据库 D 产生事务布尔矩阵 T。

```
输入：事务数据库 D，最小支持度 min_ sup
输出：事务布尔矩阵 T，初始的频繁状态矩阵 V
Begin
    对所有的项集排序得到 I1，I2，…，Im
    对所有的事务排序得到 TID1，TID2，…，TIDn
    For i = 1 to n       //生成事务布尔矩阵 T
      For j = 1 to m
          If Ij ∈ TIDi
              Then T（i，j） = 1
          EndIf
      Endfor
    Endfor
    For i = 1 to m - 1       //生成初始的频繁状态矩阵 V
      For j = i + 1 to m
          If  {IiIj}. index 中“1”的个数不小于 min_ sup
              Then V（i，j） = 2
          EndIf
      Endfor
    Endfor
End
```

图 5 - 4　O - Apriori 算法的初始化阶段的伪代码

（4）设置最小支持度计数 min_ sup，扫描事务布尔矩阵 T 产生初始的频繁状态矩阵 V，具体步骤如下：

1）计算事务布尔矩阵 T 的第 1 列 I_1 的事务支持标志 $\{I_1\}$. *index* 与其他列 I_j（$m_i \geqslant j > 1$）的事务支持标志 $\{I_j\}$. *index* 的交集，结果记为 $\{I_1I_j\}$. *index*，若 $\{I_1I_j\}$. *index* 中“1”的个数大于等于 min_ sup，则将 V（1，j）置为 2；

2）计算事务布尔矩阵 T 的第 2 列 I_2 的事务支持标志 $\{I_2\}$. *index* 与其他列 I_i（$m \geqslant j > 2$）的事务支持标志 $\{I_j\}$. *index* 的交集，结果记为 $\{I_2I_j\}$. *index*，若 $\{I_2I_j\}$. *index* 中“1”的个数大于等于 min_ sup，则将 V（2，j）置为 2；

3）以此类推，计算事务布尔矩阵 T 的第 i 列 I_i 的事务支持标志 $\{I_i\}$. *index*，与其他列 I_j（$m \geqslant j > i$）的事务支持标志 $\{I_j\}$. *index* 的交集，结果记为 $\{I_iI_j\}$. *index*，若 $\{I_iI_j\}$. *index* 中“1”的个数大于等于 min_ sup，则将 V（i，j）置为 2；

4）执行步骤 3）直到事务布尔矩阵 T 的第（$m - 1$）列 I_{m-1}。

下面以示例数据库 D 为例进行说明。如表 5 - 1 所示，示例数据库 D 中包含 9 个项，共 14 个事务。

（1）对数据库 D 中的项 I_1，I_2，…，I_9 进行排序，从 I_1 到 I_9 依次分配顺序号，如表 5 - 2 所示。

表 5-2　从 I_1 到 I_9 依次分配顺序号

项	I_1	I_2	I_3	I_4	I_5	I_6	I_7	I_8	I_9
顺序号	1	2	3	4	5	6	7	8	9

（2）对数据库 D 中的事务 T_{01}，T_{02}，…，T_{14} 进行排序，从 T_{01} 到 T_{14} 依次分配顺序号，如表 5-3 所示。

表 5-3　从 T_{01} 到 T_{14} 依次分配顺序号

项	T_{01}	T_{02}	T_{03}	T_{04}	T_{05}	T_{06}	T_{07}	T_{08}	T_{09}	T_{10}	T_{11}	T_{12}	T_{13}	T_{14}
序号	1	2	3	4	5	6	7	8	9	10	11	12	13	14

（3）扫描数据库 D 产生事务布尔矩阵 T，如表 5-4 所示。

表 5-4　数据库 D 的事务布尔矩阵 T

项	1（I_1）	2（I_2）	3（I_3）	4（I_4）	5（I_5）	6（I_6）	7（I_7）	8（I_8）	9（I_9）
1（T_{01}）	1	1	0	0	1	1	0	0	1
2（T_{02}）	0	1	0	1	0	0	0	1	0
3（T_{03}）	0	1	1	0	0	0	1	0	1
4（T_{04}）	1	1	0	1	0	0	0	0	0
5（T_{05}）	1	0	1	1	0	1	0	1	0
6（T_{06}）	0	1	1	0	0	1	0	0	1
7（T_{07}）	1	0	1	0	0	1	0	0	1
8（T_{08}）	1	1	1	0	1	0	0	1	0
9（T_{09}）	1	1	1	0	0	0	0	0	1
10（T_{10}）	1	0	1	0	0	1	0	0	1
11（T_{11}）	0	1	0	0	1	0	1	0	1
12（T_{12}）	0	0	1	0	1	0	1	0	0
13（T_{13}）	1	1	0	1	0	0	1	0	0
14（T_{14}）	1	1	0	0	1	0	0	1	0

（4）设置最小支持度计数 min_ sup = 3，扫描事务布尔矩阵 T 产生初始的频繁状态矩阵 V。

1）计算第 1 列。

$\{I_1I_2\}.index = \{I_1\}.index\& \{I_2\}.index$

$= \{10011011110011\} \& \{11110101101011\} = \{10010001100011\}$

$\{I_1I_2\}$ 的事务支持标志中有6个"1"，大于最小支持度计数，故 $V(1,2)=2$。

以此类推计算，得到以下结果：

$\{I_1I_3\}.index = \{00001011110000\}$，$V(1,3)=2$

$\{I_1I_4\}.index = \{00011000000010\}$，$V(1,4)=2$

$\{I_1I_5\}.index = \{10000001000001\}$，$V(1,5)=2$

$\{I_1I_6\}.index = \{10001010010000\}$，$V(1,6)=2$

$\{I_1I_7\}.index = \{00000000000010\}$，$V(1,7)=2$

$\{I_1I_8\}.index = \{00001001001000\}$，$V(1,8)=2$

$\{I_1I_9\}.index = \{10000010110000\}$，$V(1,9)=2$

2）参照步骤1）计算第2至第8列，由于篇幅的原因只列出符合条件的频繁2项集的结果及其对应的频繁状态矩阵 V 的取值。

$\{I_2I_3\}.index = \{00100101000000\}$，$V(2,3)=2$

$\{I_2I_4\}.index = \{01010000000010\}$，$V(2,4)=2$

$\{I_2I_5\}.index = \{10000001000001\}$，$V(2,5)=2$

$\{I_2I_7\}.index = \{00100000001010\}$，$V(2,7)=2$

$\{I_2I_8\}.index = \{01000001000001\}$，$V(2,8)=2$

$\{I_2I_9\}.index = \{10100100101000\}$，$V(2,9)=2$

$\{I_3I_6\}.index = \{00001110010000\}$，$V(3,6)=2$

$\{I_3I_9\}.index = \{00100110110000\}$，$V(3,9)=2$

$\{I_6I_9\}.index = \{10000110010000\}$，$V(6,9)=2$

3）按照以上结果填写初始的频繁状态矩阵 V，如表5－5所示。

表5－5 初始的频繁状态矩阵 V

项目	1 (I_1)	2 (I_2)	3 (I_3)	4 (I_4)	5 (I_5)	6 (I_6)	7 (I_7)	8 (I_8)	9 (I_9)
1 (I_1)	—	2	2	2	2	2	—	2	2
2 (I_2)	—	—	2	2	2	—	2	2	2
3 (I_3)	—	—	—	—	—	2	—	—	2
4 (I_4)	—	—	—	—	—	—	—	—	—
5 (I_5)	—	—	—	—	—	—	—	—	—
6 (I_6)	—	—	—	—	—	—	—	—	2
7 (I_7)	—	—	—	—	—	—	—	—	—
8 (I_8)	—	—	—	—	—	—	—	—	—
9 (I_9)	—	—	—	—	—	—	—	—	—

同时得到所有的频繁2项集：

$\{I_1I_2\}$，$\{I_1I_3\}$，$\{I_1I_4\}$，$\{I_1I_5\}$，$\{I_1I_6\}$，$\{I_1I_8\}$，$\{I_1I_9\}$，$\{I_2I_3\}$，$\{I_2I_4\}$，$\{I_2I_5\}$，$\{I_2I_7\}$，$\{I_2I_8\}$，$\{I_2I_9\}$，$\{I_3I_6\}$，$\{I_3I_9\}$，$\{I_6I_9\}$

2. 递推产生频繁项集阶段

本阶段的主要任务是根据事务布尔矩阵 T 和频繁状态矩阵 V 来产生频繁 k 项集列表。在每一次递推过程中，都会对频繁状态矩阵 V 进行更新。本小节描述在得到频繁 $(k-1)$ 项集的基础上寻找频繁 k 项集的过程，对应的伪代码如图 5-5 所示。

```
输入：频繁（k-1）项集 L_{k-1}，频繁状态矩阵 V，事务布尔矩阵 T，最小支持度 min_ sup
输出：频繁 k 项集 L_k
Begin
    For i = 1 to m
      对频繁状态矩阵 V 的第 i 行统计值不小于（k-1）的矩阵元素个数为 l_i
      If l_i ≥ k-1
          Then 对 l_i 项集产生所有的（k-1）项子集，得到集合 C_{k-1}；
              对 C_{k-1} 中的所有元素 c_{k-1}；
                  If c_{k-1} ⊂ L_{k-1}
                      Then c_{k-1} ∞ Ii 产生 k 项集 c_k；
                          If {c_k}. index 中 "1" 的数目不小于 min_ sup
                              Then 将 c_k 写入 L_k
                          EndIf
                  EndIf
      EndIf
    Endfor
End
```

图 5-5 O-Apriori 算法的递推产生频繁项集阶段的伪代码

从频繁状态矩阵 V 的第 1 行开始进行如下操作，直到最后一行。

对频繁状态矩阵 V 第 i 行 $(1 \leqslant i \leqslant m)$ 的所有元素进行扫描，寻找 $V(i, j) \geqslant k-1$ 的元素，设共找到 l_i 个元素，对应的列序号为 j_1，j_2，…，j_{l_i}。

（1）若 $l_i \geqslant k-1$，则对第 j_1，j_2，…，j_{l_i} 个项组成的 l_i 项集进行检查。从 l_i 项集中可以得到多个 $(k-1)$ 项子集，对照已有的频繁 $(k-1)$ 项集列表，如果满足以下两个条件，则此 $(k-1)$ 项子集与第 i 个项构成的 k 项集为频繁项集，将其写入频繁 k 项集，并将此 $(k-1)$ 项子集中产生的所有 2 项子集对应在矩阵 V 中的元素值赋为 k。

1）此 $(k-1)$ 项子集是频繁项集。

2）此 $(k-1)$ 项子集与第 i 个项组成的 k 项集的事务支持标志中“1”的数目大于 min_ sup。

（2）若 $l_i < k-1$，则扫描下一行。

下面以示例数据库 D 为例对递推产生频繁项集的过程进行说明。

1）产生频繁 3 项集。

①扫描频繁状态矩阵 V（如表 5－5）的第 1 行来寻找 $V(1, j) \geqslant 2$ 的元素，得到 7 个元素，列序号分别为 2，3，4，5，6，8，9，得到 7 项集 $\{I_2I_3I_4I_5I_6I_8I_9\}$。先考察 2 项集 $\{I_2I_3\}$，$\{I_2I_3\}$ 是频繁 2 项集，但是 $\{I_1I_2I_3\}.index = \{00000001100000\}$，$\{I_1I_2I_3\}$ 不满足最小支持度计数。同理，考察 2 项集 $\{I_2I_5\}$，$\{I_2I_5\}$ 是频繁 2 项集，并且 $\{I_1I_2I_5\}.index = \{10000001000001\}$，$\{I_1I_2I_5\}$ 满足最小支持度计数，将 $\{I_1I_2I_5\}$ 写入频繁 3 项集列表，并将 $\{I_1I_2I_5\}$ 产生的所有 2 项集 $\{I_1I_2\}$，$\{I_2I_5\}$ 和 $\{I_1I_5\}$ 在频繁状态矩阵中的对应值置为 3，即 $V(1, 2) = V(2, 5) = V(1, 5) = 3$。以此类推，又可以找到频繁 3 项集 $\{I_1I_3I_6\}$，$\{I_1I_3I_9\}$ 和 $\{I_1I_6I_9\}$，在频繁状态矩阵 V 中更新 $V(1, 3) = V(3, 6) = V(1, 6) = V(1, 9) = V(3, 9) = V(6, 9) = 3$。更新后的频繁状态矩阵 V 如表 5－6 所示。

表 5－6　第 1 次更新后的频繁状态矩阵 V

项目	1 (I_1)	2 (I_2)	3 (I_3)	4 (I_4)	5 (I_5)	6 (I_6)	7 (I_7)	8 (I_8)	9 (I_9)
1 (I_1)	—	3	3	2	3	3	—	2	3
2 (I_2)	—	—	2	2	3	—	2	2	2
3 (I_3)	—	—	—	—	—	3	—	—	3
4 (I_4)	—	—	—	—	—	—	—	—	—
5 (I_5)	—	—	—	—	—	—	—	—	—
6 (I_6)	—	—	—	—	—	—	—	—	3
7 (I_7)	—	—	—	—	—	—	—	—	—
8 (I_8)	—	—	—	—	—	—	—	—	—
9 (I_9)	—	—	—	—	—	—	—	—	—

②扫描频繁状态矩阵 V（表 5－6）的第 2 行来寻找 $V(2, j) \geqslant 2$ 的元素，得到 6 个元素，列序号分别为 3，4，5，7，8，9，得到 6 项集 $\{I_3I_4I_5I_7I_8I_9\}$。同理对产生的每一个 2 项集进行考察，得到频繁 3 项集 $\{I_2I_3I_9\}$，在频繁状态矩阵 V 中更新 $V(2, 3) = V(2, 9) = V(3, 9) = 3$。更新后的频繁状态矩阵 V 如表 5－7 所示。

③以此类推，在扫描第 3 行的时候得到频繁 3 项集 $\{I_3I_6I_9\}$，在频繁状态矩阵 V 中更新 $V(3, 6) = V(3, 9) = V(6, 9) = 3$。由于这几项在前一次更新中已经更新了，所以更新后的频繁状态矩阵 V 没有改变，还是如表 5－7 所示。由于第 4 到 9 行都不满足扫描的条件，所以频繁 3 项集寻找完毕。

最终得到的频繁 3 项集为：$\{I_1I_2I_5\}$，$\{I_1I_3I_6\}$，$\{I_1I_3I_9\}$，$\{I_1I_6I_9\}$，$\{I_2I_3I_9\}$，$\{I_3I_6I_9\}$。

2）产生频繁 4 项集。

①扫描频繁状态矩阵 V（表 5－7）的第 1 行来寻找 $V(1, j) \geqslant 3$ 的元素，得到 5 个元素，列序号分别为 2，3，5，6，9，得到 5 项集 $\{I_2I_3I_5I_6I_9\}$。对产生的每一个 3 项

集进行考察，只有 $\{I_2I_3I_9\}$ 和 $\{I_3I_6I_9\}$ 是频繁 3 项集，但是：$\{I_1I_2I_3I_9\}$. $index$ = {00000000100000}，不满足最小支持度计数，$\{I_1I_3I_6I_9\}$. $index$ = {00000010010000}，不满足最小支持度计数，不更新频繁状态矩阵 V。

②扫描频繁状态矩阵 V（表 5－7）的第 2 行来寻找 $V(2, j) \geq 3$ 的元素，得到 3 项集 $\{I_3I_5I_9\}$，不是频繁 3 项集。

③第 3 至 9 行不满足扫描条件，寻找频繁 4 项集完毕，最终未得到任何频繁 4 项集。

表 5－7　第 2 次更新后的频繁状态矩阵 V

项目	1 (I_1)	2 (I_2)	3 (I_3)	4 (I_4)	5 (I_5)	6 (I_6)	7 (I_7)	8 (I_8)	9 (I_9)
1 (I_1)	—	3	3	2	3	3	—	2	3
2 (I_2)	—	—	3	2	3	—	2	2	3
3 (I_3)	—	—	—	—	—	3	—	—	3
4 (I_4)	—	—	—	—	—	—	—	—	—
5 (I_5)	—	—	—	—	—	—	—	—	—
6 (I_6)	—	—	—	—	—	—	—	—	3
7 (I_7)	—	—	—	—	—	—	—	—	—
8 (I_8)	—	—	—	—	—	—	—	—	—
9 (I_9)	—	—	—	—	—	—	—	—	—

二、基于可变支持度的 O－Apriori 算法

在关联规则挖掘的过程中，需要给定两个重要的阈值：最小支持度和最小置信度。最小支持度定义了在统计意义上规则需要覆盖事件样本的最小下限，最小置信度定义了规则用于推理的强度。最小支持度和最小置信度的设置对关联规则的挖掘过程有非常重要的影响，由于置信度通常是通过支持度计算得到的，所以支持度也成为影响关联规则挖掘的一个关键因素。

目前经典的关联规则挖掘算法是 Apriori 算法和 FP－Growth 算法，其他大部分算法都是这两种算法的改进，在这两种经典的算法中，都是对整个数据库样本采用唯一的最小支持度来进行计算，它们假设数据库中各项目的重要性相同以及数据库中各项目的分布是均匀的，即出现频率相同或相似。然而在现实生活中这个假设显然是不能成立的。在实际中有些事务发生得非常频繁，而有些事务发生得却非常稀疏。在实际的关联规则挖掘过程中，如果最小支持度定得较高，那么覆盖较少数据但却有意义的关联知识将被忽略，反之如果最小支持度定得过低，又会有大量无意义的关联存在于挖掘过程中，大大影响了挖掘的效率和规则的准确性。

针对这一问题，很多学者提出了解决的办法，大致可分为三类：一是采用加权关联规则的方法，二是设计最小支持度的关联规则，三是将前两种方法结合起来进行关联规则算法的设计。笔者认为，关联规则的本质在于发掘潜在的、有意义的规则，这个规则本身是需要一定的频繁度支持的，即使某个项目非常重要，但它的发生频率很低，得到的关联规则也不一定是有效的。在关联规则挖掘过程中，更应该关注不同级别的频繁项集在发生频率上的差异性，从整体而言，频繁 2 项集发生的频率肯定比频繁 3 项集要大，而频繁 3 项集发生的频率肯定要超过频繁 4 项集。因此使用同一个最小支持度来衡量所有级别的频繁项集是不恰当的。

本节提出了基于可变支持度的 O－Apriori 算法，设置变化的最小支持度来对应不同级别的频繁项集，适用于频繁 k 项集的最小支持度由所有频繁（$k-1$）项集的支持度推导得到。

1. 算法的改进

定义 5－16（初始的最小支持度计数（$\text{min\_ sup})_0$）：（$\text{min\_ sup})_0$ 的取值为正整数，在初始化阶段用来产生频繁 2 项集。

定义 5－17（频繁（$k-1$）项集的平均支持度计数$\overline{S}_{(k-1)}$）：设频繁（$k-1$）项集共有 h 个，其对应的支持度计数为｛sup_1，sup_2，…，sup_h｝，则可按照公式（5－2）计算$\overline{S}_{(k-1)}$。

$$\overline{S}_{(k-1)} = \left\lceil \frac{\sum_{i=1}^{h} \text{sup}_i}{h} \right\rceil \tag{5-2}$$

定义 5－18（支持度的衰减系数 β）：衰减系数 β 用来定义从频繁（$k-1$）项集到频繁 k 项集时最小支持度计数的变化过程，设频繁｛$k-1$｝项集的平均支持度计数为$\overline{S}_{(k-1)}$，则频繁 k 项集的最小支持度为［$\overline{S}_{(k-1)} \times (1-\beta)$］。

定义 5－19（项集的支持度计数）：项集的支持度计数由事务布尔矩阵中相关项的事务支持标志计算得到，项集的事务支持标志中“1”的个数就是项集的支持度。因此，项集除了记录其对应的事务支持标志之外，还需要记录其对应的支持度，记为｛项集｝. count。

基于可变支持度的 O－Apriori 算法（O－Apriori Based on Variable Support，VSO－Apriori）中，寻找频繁项集的基本步骤和产生关联规则的方法没有改变，主要从以下三点进行改进。

（1）最小支持度是随着寻找频繁项集的过程不断变化的，频繁 k 项集对应的最小支持度由三个参数决定：初始的最小支持度计数（$\text{min\_ sup})_0$，频繁（$k-1$）项集的平均支持度计数$\overline{S}_{(k-1)}$和支持度的衰减系数 β。

（2）从事务布尔矩阵中除了得到各项集的事务支持标志外，还需要记录各项集的事务支持标志中“1”的个数，即各项集的支持度｛项集｝. count。

（3）设置参数终止的最小支持度计数（$\text{min_ sup})_{end}$来控制频繁项集的结束，如果当前的最小支持度计数小于（$\text{min_ sup})_{end}$，则无论是否能找到频繁项集都立刻终止寻找频繁项集的过程。

2. 算法的描述

基于可变支持度的 O－Apriori 算法可分为三部分：第一部分是初始化阶段，根据数据库 D 产生初始的频繁状态矩阵 V 和事务布尔矩阵 T；第二部分是递推频繁 k 项集阶段，直到找到所有的频繁项集；第三部分是根据频繁项集产生关联规则阶段，与 Apriori 算法一样。由于该算法的很多步骤与 O－Apriori 算法一致，本小节不再对算法步骤做具体描述，只是针对改进的部分使用示例数据库 D（表 5－1）进行说明，参数的设置为：$(min\_\ sup)_0=3$，$\beta=0.4$，$(min\_\ sup)_{end}=2$。

（1）产生频繁 2 项集。产生频繁 2 项集的过程与 O－Apriori 算法一致，也得到如表 5－5 所示的初始频繁状态矩阵 V。但是，需要计算并记录每个频繁 2 项集的支持度，具体如下：

$\{I_1I_2\}.\ index=\{10010001100011\}$，$\{I_1I_2\}.\ count=6$

$\{I_1I_3\}.\ index=\{00001011110000\}$，$\{I_1I_3\}.\ count=5$

$\{I_1I_4\}.\ index=\{00011000000010\}$，$\{I_1I_4\}.\ count=3$

$\{I_1I_5\}.\ index=\{10000001000001\}$，$\{I_1I_5\}.\ count=3$

$\{I_1I_6\}.\ index=\{10001010010000\}$，$\{I_1I_6\}.\ count=4$

$\{I_1I_8\}.\ index=\{00001001001000\}$，$\{I_1I_8\}.\ count=3$

$\{I_1I_9\}.\ index=\{10000010110000\}$，$\{I_1I_9\}.\ count=4$

$\{I_2I_3\}.\ index=\{00100101000000\}$，$\{I_2I_3\}.\ count=3$

$\{I_2I_4\}.\ index=\{01010000000010\}$，$\{I_2I_4\}.\ count=3$

$\{I_2I_5\}.\ index=\{10000001000001\}$，$\{I_2I_5\}.\ count=3$

$\{I_2I_7\}.\ index=\{00100000001010\}$，$\{I_2I_7\}.\ count=3$

$\{I_2I_8\}.\ index=\{01000001000001\}$，$\{I_2I_8\}.\ count=3$

$\{I_2I_9\}.\ index=\{10100100101000\}$，$\{I_2I_9\}.\ count=5$

$\{I_3I_6\}.\ index=\{00001110010000\}$，$\{I_3I_6\}.\ count=4$

$\{I_3I_9\}.\ index=\{00100110110000\}$，$\{I_3I_9\}.\ count=5$

$\{I_6I_9\}.\ index=\{10000110010000\}$，$\{I_6I_9\}.\ count=4$

计算可得 $\overline{S}_2=4$，频繁 3 项集对应的最小支持度计数为$\lfloor 4\times(1-0.4)\rfloor=2$。

（2）产生频繁 3 项集。产生频繁 3 项集的过程与 O－Apriori 算法一致，但是现在的最小支持度计数是 2，因此，与 O－Apriori 算法相比，多寻找出 4 个频繁 3 项集，得到的频繁 3 项集如下：

$\{I_1I_2I_3\}.\ index=\{00000001100000\}$，$\{I_1I_2I_3\}.\ count=2$

$\{I_1I_2I_4\}.\ index=\{00010000000010\}$，$\{I_1I_2I_4\}.\ count=2$

$\{I_1I_2I_5\}.\ index=\{10000001000001\}$，$\{I_1I_2I_5\}.\ count=3$

$\{I_1I_2I_8\}.\ index=\{00000001000001\}$，$\{I_1I_2I_8\}.\ count=2$

$\{I_1I_2I_9\}.\ index=\{10000000100000\}$，$\{I_1I_2I_9\}.\ count=2$

$\{I_1I_3I_6\}.\ index=\{00001010010000\}$，$\{I_1I_3I_6\}.\ count=3$

$\{I_1I_3I_9\}.\ index=\{00000010110000\}$，$\{I_1I_3I_9\}.\ count=3$

$\{I_1I_6I_9\}.\ index=\{10000010010000\}$，$\{I_1I_6I_9\}.\ count=3$

$\{I_2I_3I_9\}.\ index=\{00100100100000\}$，$\{I_2I_3I_9\}.\ count=3$

$\{I_3I_6I_9\}.\ index=\{00000110010000\}$，$\{I_3I_6I_9\}.\ count=3$

计算可得 $\overline{S}_3=3$，频繁 4 项集对应的最小支持度计数为$\lfloor 3\times(1-0.4)\rfloor=1$。因为 $(min\_sup)_{end}=2$，所以寻找频繁项集的过程结束。

三、O－Apriori 算法在时间序列跨事务关联分析中的应用

多元时间序列的跨事务关联规则挖掘可以发现不同时间序列在不同时间段发生的事件之间的联系，对于金融时间序列的价格区间确定和趋势预测具有非常重要的意义。本小节讨论将 O－Apriori 算法应用于多元时间序列的跨事务关联规则挖掘的过程中，首先对时间序列进行预处理，然后根据多元时间序列的跨事务关联规则的定义对递推寻找频繁项集的过程进行改进，以提高寻找频繁项集的效率。下面，将结合具体的股票时间序列数据库来进行说明。

定义 5－20（多元时间序列合并集）：设时间序列的集合 $S=\{s_1, s_2, \cdots, s_n\}$，$T_i$ 是在时刻 i 对 S 的观察值集合，$T_i=\{s_1(i), s_2(i), \cdots, s_u(i)\}$，多元时间序列合并集 D 定义为 $D=T_1, T, \cdots, T_N$。D 中每组观察值作为一个事务，各分配一个识别号 *TID*。

定义 5－21（多元时间序列的跨事务关联规则）：设 $\Sigma=\{e_1(0), \cdots, e_1(w-1), \cdots, e_2(0), \cdots, e_2(w-1), \cdots, e_u(0), \cdots, e_u(w-1)\}$ 是事件的集合，这些事件是多元时间序列合并集 D 中各序列观察值的属性，w 是 D 的滑动时间窗口。以时刻 s $(j\leqslant s\leqslant n-w+1)$ 为 D 的参考时间基准点，如果时刻 $s+x$ $(0\leqslant x\leqslant w-1)$ 事件 e_i 出现，则标记 $e_i(x)$ 属于 T_S。每一个 $e_i(x)$ 分配一个识别号 *IID*。多元时间序列的跨事务关联规则是形如 $X\Rightarrow Y$ 的蕴涵式，并且满足以下条件：

(1) $X\subset\Sigma$，$Y\subset\Sigma$；

(2) $\exists e_i(0)\in X$，$1\leqslant i\leqslant u$；

(3) $\exists e_j(q)\in X$，$1\leqslant j\leqslant u$，$((i=j)\wedge(1\leqslant q\leqslant w-1))\vee((i\neq j)\wedge(0\leqslant q\leqslant w-1))$；

(4) $\exists e_i(p)\in Y$，$1\leqslant i\leqslant u$，$\max(q)<p\leqslant w-1$；

(5) $X\cap Y=\phi$。

1. 时间序列数据预处理

定义 5－22（股票行情数据库 D）：股票行情数据库 $D=\{S_1, S_2, \cdots, S_u\}$，其中 S_i 记录了 D 中第 i 只股票的历史行情。$S_i=\{t, A, p\}$ 其中 t 为交易时间，A_i 为 S_i 的股票代码，p 为所记录股票 S_i 的即时行情收盘价。本小节使用的股票行情数据库 D 如表 5－8 所示。

定义 5－23（股票的涨（跌）幅 Z）：涨（跌）幅 Z 定义如下：若第 i 日收盘价为 P_i，第 $(i-1)$ 日的收盘价为 P_{i-1}，则涨（跌）幅 $Z=(P_i-P_{i-1})/P_{i-1}$。

表 5－8 股票行情数据库 D

交易日期	股票代码	收盘价格	交易日期	股票代码	收盘价格
2009－07－19	A	17.8	2009－07－23	A	20.1
2009－07－19	B	24.7	2009－07－23	B	26.32
2009－07－19	C	24.04	2009－07－23	C	25.4
2009－07－20	A	17.3	2009－07－26	A	19.7
2009－07－20	B	24.7	2009－07－26	B	25.78
2009－07－20	C	24.38	2009－07－26	C	26.81
2009－07－21	A	18.67	2009－07－27	A	21.8
2009－07－21	B	25.23	2009－07－27	B	25.75
2009－07－21	C	24.83	2009－07－27	C	27.76
2009－07－22	A	18.68	2009－07－28	A	20.5
2009－07－22	B	24.98	2009－07－28	B	24.8
2009－07－22	C	25.35	2009－07－28	C	26.88

人们往往非常关注股票时间序列的涨跌趋势，在关联规则挖掘中也非常希望挖掘出类似于“如果 A 股票在第一天上涨，B 股票在第二天下跌⇒C 股票在第三天上涨（5%，80%）”的关联规则。因此我们定义股票的事件为“上涨”“下跌”和“持平”：

（1）当 $Z \geqslant 1\%$ 时，定义为“上涨”，当 $1\% \leqslant Z \leqslant 3\%$ 时记为 e_1，当 $3\% \leqslant Z < 5\%$ 时记为 e_2，当 $Z \geqslant 5\%$ 时记为 e_3；

（2）当 $Z \leqslant -1\%$ 时，定义为“下跌”，当 $-1\% > Z \geqslant -3\%$ 时记为 e_4，当 $-3\% > Z \geqslant -5\%$ 时记为 e_5，当 $Z < -5\%$ 时记为 e_6。

（3）当 $-1\% < Z < 1\%$ 时，定义为“持平”，由于“持平”的事件人们不太关注，所以在此不予考虑。

下面对股票数据预处理的过程进行具体的描述。

（1）数据离散化。

首先，对表 5－8 中的股票序列按照交易时间的先后进行排序，把同一交易时间的不同股票整合在一起，如表 5－9 所示。然后使用事件的定义对表 5－9 中的数据进行离散化，结果如表 5－10 所示。

表 5－9 三只股票在 8 个交易日的收盘价

日期	S_A	S_B	S_C
0	17.8	24.7	24.04
1	17.3	24.7	24.38
2	18.67	25.23	24.83

续表

日期	S_A	S_B	S_C
3	18.68	24.98	25.35
4	20.1	26.32	25.4
5	19.7	25.78	26.81
6	21.8	25.75	27.76
7	20.5	24.8	26.88

表5－10　三只股票数据的离散化

日期	S_A	S_B	S_C
1	$e4$	—	$e1$
2	$e3$	$e1$	$e1$
3	—	—	$e1$
4	$e3$	$e3$	—
5	$e4$	$e4$	$e3$
6	$e3$	—	$e2$
7	$e6$	$e5$	$e5$

（2）生成多元时间序列合并集。

根据定义5－20生成多元时间序列合并集，每组观察值作为一个事务，分配一个事务识别号 *TID*，如表5－11所示。

表5－11　多元时间序列合并集

事务识别号（*TID*）	项集
T_1	$S_{A \cdot e_4}$，$S_{C \cdot e_1}$
T_2	$S_{A \cdot e_3}$，$S_{B \cdot e_1}$，$S_{C \cdot e_1}$
T_3	$S_{C \cdot e_1}$
T_4	$S_{A \cdot e_3}$，$S_{B \cdot e_3}$
T_5	$S_{A \cdot e_4}$，$S_{B \cdot e_4}$，$S_{C \cdot e_3}$
T_6	$S_{A \cdot e_3}$，$S_{C \cdot e_2}$
T_7	$S_{A \cdot e_6}$，$S_{B \cdot e_5}$，$S_{C \cdot e_5}$

（3）生成滑动时间窗口事务集。

定义5－24（滑动时间窗口）：滑动时间窗口由事务数据集中 ω 个连续的时间点对应的项集组成。设时间点为1，2，…，ω，第 i 个时间点对应的项集可记为 $stw[i]$ =

$\{I_{i1}, I_{i2}, \cdots, I_{im_i}\}$，其中 m_i 是第 i 个时间点对应的项集中项目的个数，那么时间窗口中的项集可记为 $STW=\{stw[1](0), stw[2](1), \cdots, stw[i](i-1), \cdots, stw[\omega](\omega-1)\}$。每一个项集附带的数字表明了它们之间的时间关系。

定义 5－25（滑动时间窗口事务集）：一个滑动时间窗口中的项集可作为一个事务，多个滑动时间窗口中的项集可构成多个事务，即滑动时间窗口事务集。设多元时间序列合并集中有 n 个事务，时间窗口的长度为 ω，时间窗口的间隔为 λ，则滑动时间窗口事务集中可得到 $\left[\frac{n-\omega+1}{\lambda}\right]$ 个事务，如图 5－6 所示。

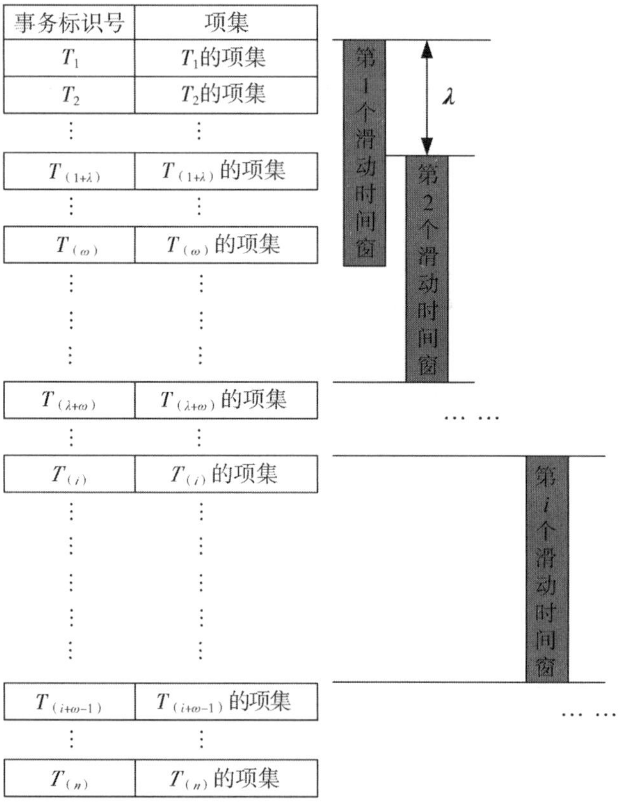

图 5－6　滑动时间窗口事务集的获取

设时间窗口的长度 $\omega=3$，时间窗口的间隔 $\lambda=1$，根据表 5－11 可得到滑动时间窗口事务集如表 5－12 所示。

表 5－12　滑动时间窗口事务集

事务识别号	项　　集
T_1	$S_{A\cdot e_4}(0)$，$S_{C\cdot e_1}(0)$，$S_{A\cdot e_3}(1)$，$S_{B\cdot e_1}(1)$，$S_{C\cdot e_1}(1)$，$S_{C\cdot e_1}(2)$
T_2	$S_{A\cdot e_3}(0)$，$S_{B\cdot e_1}(0)$，$S_{C\cdot e_1}(0)$，$S_{C\cdot e_1}(1)$，$S_{A\cdot e_3}(2)$，$S_{B\cdot e_3}(2)$

续表

事务识别号	项集
T_3	$S_{C\cdot e_1}$ (0), $S_{A\cdot e_3}$ (1), $S_{B\cdot e_3}$ (1), $S_{A\cdot e_4}$ (2), $S_{B\cdot e_4}$ (2), $S_{C\cdot e_3}$ (2)
T_4	$S_{A\cdot e_3}$ (0), $S_{B\cdot e_3}$ (0), $S_{A\cdot e_4}$ (1), $S_{B\cdot e_4}$ (1), $S_{C\cdot e_3}$ (1), $S_{A\cdot e_3}$ (2), $S_{C\cdot e_2}$ (2)
T_5	$S_{A\cdot e_4}$ (0), $S_{B\cdot e_4}$ (0), $S_{C\cdot e_3}$ (0), $S_{A\cdot e_3}$ (1), $S_{C\cdot e_2}$ (1), $S_{A\cdot e_6}$ (2), $S_{B\cdot e_5}$ (2), $S_{C\cdot e_5}$ (2)

2. 寻找频繁项集

(1) 对项集排序。先按照时间的先后排序（例如0，1，2），再按照序列排序（例如A，B，C），最后按照事件的顺序排列（例如从e_1到e_6）。遵循以上原则，可将项集按以下顺序排列，从1开始向后为每一项依次赋予顺序号，结果如下：$S_{A\cdot e_3}$ (0)，$S_{A\cdot e_4}$ (0)，$S_{B\cdot e_1}$ (0)，$S_{B\cdot e_3}$ (0)，$S_{B\cdot e_4}$ (0)，$S_{C\cdot e_1}$ (0)，$S_{C\cdot e_3}$ (0)，$S_{A\cdot e_3}$ (1)，$S_{A\cdot e_4}$ (1)，$S_{B\cdot e_1}$ (1)，$S_{B\cdot e_3}$ (1)，$S_{B\cdot e_4}$ (1)，$S_{C\cdot e_1}$ (1)，$S_{C\cdot e_2}$ (1)，$S_{C\cdot e_3}$ (1)，$S_{A\cdot e_3}$ (2)，$S_{A\cdot e_4}$ (2)，$S_{A\cdot e_6}$ (2)，$S_{B\cdot e_3}$ (2)，$S_{B\cdot e_4}$ (2)，$S_{B\cdot e_5}$ (2)，$S_{C\cdot e_3}$ (2)，$S_{C\cdot e_5}$ (2)。

(2) 生成事务布尔矩阵，如表5-13所示（此示例中事务的个数较少，为了展示方便，将事务作为列，项集作为行）。

表5-13 股票示例数据库的事务布尔矩阵

项	T_1	T_2	T_3	T_4	T_5	项	T_1	T_2	T_3	T_4	T_5
$S_{A\cdot e_6}$ (0)	0	1	0	1	0	$S_{C\cdot e_2}$ (1)	0	0	0	0	1
$S_{A\cdot e_4}$ (0)	1	0	0	0	1	$S_{C\cdot e_3}$ (1)	0	0	0	1	0
$S_{B\cdot e_1}$ (0)	0	1	0	0	0	$S_{A\cdot e_3}$ (2)	0	1	0	1	0
$S_{B\cdot e_3}$ (0)	0	0	0	1	0	$S_{A\cdot e_4}$ (2)	0	0	1	0	0
$S_{B\cdot e_4}$ (0)	0	0	0	0	1	$S_{A\cdot e_6}$ (2)	0	0	0	0	1
$S_{C\cdot e_1}$ (0)	1	1	1	0	0	$S_{B\cdot e_3}$ (3)	0	1	0	0	0
$S_{C\cdot e_3}$ (0)	0	0	0	0	1	$S_{B\cdot e_4}$ (2)	0	0	1	0	0
$S_{A\cdot e_3}$ (1)	1	0	1	0	1	$S_{B\cdot e_5}$ (2)	0	0	0	0	1
$S_{A\cdot e_4}$ (1)	0	0	0	1	0	$S_{C\cdot e_1}$ (2)	1	0	0	0	0
$S_{B\cdot e_1}$ (1)	1	0	0	0	0	$S_{C\cdot e_2}$ (2)	0	0	0	1	0
$S_{B\cdot e_3}$ (1)	0	0	1	0	0	$S_{C\cdot e_3}$ (2)	0	0	1	0	0
$S_{B\cdot e_4}$ (1)	0	0	0	1	0	$S_{C\cdot e_5}$ (2)	0	0	0	0	1
$S_{C\cdot e_1}$ (1)	1	1	0	0	0						

（3）生成初始频繁状态矩阵，如表5－14所示。在O－Apriori算法中设最小支持度计数为min_sup＝2。由于篇幅限制，在表5－14中只列出了频繁1项集组成的频繁状态矩阵。在时间序列离散出的事件项集中，一条时间序列在同一时间不可能有多个事件发生，因此，在初始化频繁状态矩阵中可以忽略此类2项集，在矩阵中以符号“//”表示。例如$S_{A \cdot e_3}$（0）表示在时间0处事件e_3发生，$S_{A \cdot e_4}$（0）表示在时间0处事件e_4发生，这两个项集显然不可能一起出现。

表5－14　股票示例数据库的初始频繁状态矩阵

项	$S_{A \cdot e_3}$（0）	$S_{A \cdot e_4}$（0）	$S_{C \cdot e_1}$（0）	$S_{A \cdot e_3}$（1）	$S_{C \cdot e_1}$（1）	$S_{A \cdot e_3}$（2）
$S_{A \cdot e_3}$（0）	—	//	—	—	—	2
$S_{A \cdot e_4}$（0）	—	—	—	2	—	—
$S_{C \cdot e_1}$（0）	—	—	—	2	2	—
$S_{A \cdot e_3}$（1）	—	—	—	—	—	—
$S_{C \cdot e_1}$（1）	—	—	—	—	—	—
$S_{A \cdot e_3}$（2）	—	—	—	—	—	—

（4）递推产生频繁项集。在这一过程中，可以利用多元时间序列的跨事务关联规则的定义来改进频繁项集的搜索过程，提高频繁项集的搜索效率。根据定义5－21可以发现，有效的跨事务关联规则中一定含有时间0处发生的项集，因此，在搜索频繁项集时可以过滤掉那些无效的频繁项集，这些频繁项集对有效关联规则的产生没有任何意义。在递推产生频繁项集的过程中，只对时间0处发生的项集进行扫描，在本节的示例中，只对表5－14的前三行进行扫描。

四、O－Apriori算法与VSO－Apriori算法的实验对比与分析

1. 实验框架

（1）数据集。

数据集5－1：Mushroom数据集。Mushroom数据集是网络上公开发布的用于测试频繁项集挖掘的数据集（来源：http://fimi.ua.ac.be/data/）。

数据集5－2：真实的股票数据集。中国沪深A股交易市场中3只股票从2009年3月1日至2009年5月12日期间每一交易日的收盘价格组成的时间序列，每条时间序列包含50个交易日的数据。3只股票的名称和代码分别为：平安银行（000001），招商银行（600036）和南京银行（601009）。

（2）实验方案。

实验一：使用数据集5－1来比较Apriori算法和O－Apriori算法，主要从寻找频繁项集的效率与效果方面进行比较。

实验二：使用数据集5－1和数据集5－2来比较O－Apriori算法和VSO－Apriori算

法，主要比较在 O – Apriori 算法中引入可变支持度之后对于寻找频繁项集过程的影响。

2. 实验结果分析

（1）实验一的结果分析。

表 5 – 15 展示了使用 Apriori 算法对数据集 5 – 1 进行计算得到的频繁项集结果，表 5 – 16 展示了使用 O – Apriori 算法对数据集 5 – 1 进行计算得到的频繁项集的结果，从两张表的对比可以发现，使用 Apriori 算法和 O – Apriori 算法得到的频繁项集结果是一样的。另外，图 5 – 7 展示了两种算法对数据集 5 – 1 进行频繁项集查找的运算时间对比，横轴是最小支持度的取值，纵轴是算法的运算时间，从图中可以看出，O – Apriori 算法的效率是明显高于 Apriori 算法的。因此，通过实验一可以得到以下结论：Apriori 算法和 O – Apriori 算法在计算频繁项集的效果上是一致的，但是在同等的效果下，O – Apriori 算法具有更好的运算效率。

表 5 – 15　Apriori 算法在数据集 5 – 1 上的频繁项集结果

最小支持度	2 项集	3 项集	4 项集	5 项集	6 项集	7 项集	8 项集	9 项集
0. 3	163	455	725	712	441	169	38	4
0. 4	97	185	170	76	15	1	—	—
0. 5	41	56	35	8	—	—	—	—
0. 6	18	17	7	1	—	—	—	—
0. 7	10	10	5	1	—	—	—	—
0. 8	9	7	2	—	—	—	—	—
0. 9	4	1	—	—	—	—	—	—

（2）实验二的结果分析。

表 5 – 17 展示了 O – Apriori 算法和 VSO – Apriori 算法在数据集 5 – 1 上计算出的频繁项集的对比，显然，加入可变支持度之后的 VSO – Apriori 算法能够获得更多的频繁项集。但是从表中也可以看到，当初始的最小支持度设置较高时，例如取值为 0. 7，0. 8 和 0. 9 时，支持度的衰减并不会对频繁项集的寻找过程产生影响。表 5 – 18 展示了 O – Apriori 算法和 VSO – Apriori 算法在数据集 5 – 2 上计算出的频繁项集的对比，同样针对真实的股票数据集，加入可变支持度之后的 VSO – Apriori 算法能够获得更多的频繁项集。

表 5 – 16　O – Apriori 算法在数据集 5 – 1 上的频繁项集结果

最小支持度	2 项集	3 项集	4 项集	5 项集	6 项集	7 项集	8 项集	9 项集
0. 3	163	455	725	712	441	169	38	4
0. 4	97	185	170	76	15	1	—	—
0. 5	41	56	35	8	—	—	—	—

续表

最小支持度	2 项集	3 项集	4 项集	5 项集	6 项集	7 项集	8 项集	9 项集
0. 6	18	17	7	1	—	—	—	—
0. 7	10	10	5	1	—	—	—	—
0. 8	9	7	2	—	—	—	—	—
0. 9	4	1	—	—	—	—	—	—

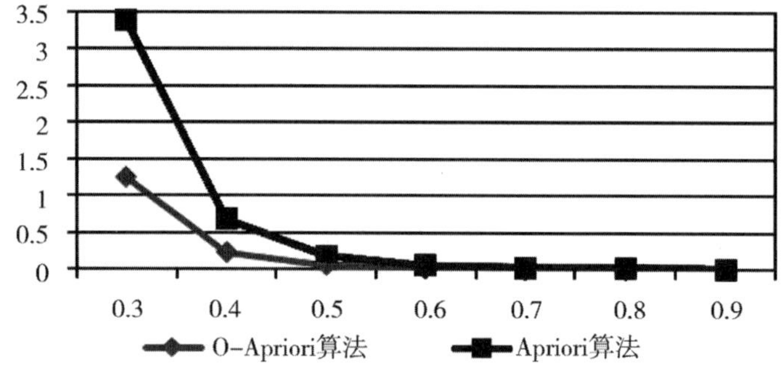

（a）

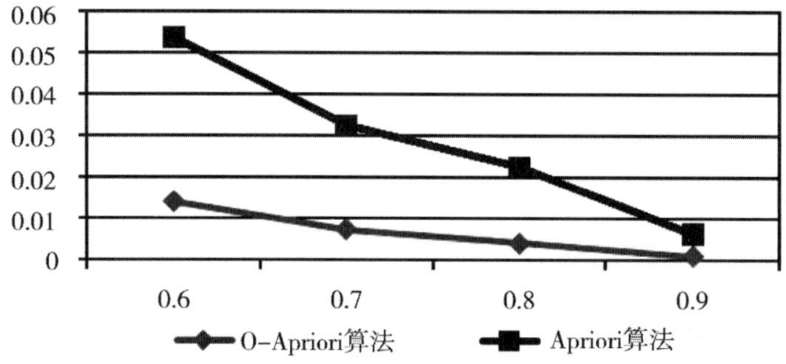

（b）

图 5 –7　Apriori 算法和 O – Apriori 算法在数据集 5 –1 上运算时间的比较

表 5 –17　O – Apriori 算法和 VSO – Apriori 算法在数据集 5 –1 上的对比

（初始）最小支持度	算法	2 项集	3 项集	4 项集	5 项集	6 项集	7 项集	8 项集	9 项集	10 项集
0. 3	O – Apriori	163	455	725	712	441	169	38	4	—
	VSO – Apriori	163	514	1013	1301	1108	637	256	73	13
0. 4	O – Apriori	97	185	170	76	15	1	—	—	—
	VSO – Apriori	97	215	280	233	128	46	—	—	—
0. 5	O – Apriori	41	56	35	8	—	—	—	—	—
	VSO – Apriori	41	63	55	28	8	1	—	—	—

续表

（初始）最小支持度	算法	2 项集	3 项集	4 项集	5 项集	6 项集	7 项集	8 项集	9 项集	10 项集
0.6	O – Apriori	18	17	7	1	—	—	—	—	—
	VSO – Apriori	18	19	10	2	—	—	—	—	—
0.7	O – Apriori	10	10	5	1	—	—	—	—	—
	VSO – Apriori	10	10	5	1	—	—	—	—	—
0.8	O – Apriori	9	7	2	—	—	—	—	—	—
	VSO – Apriori	9	7	2	—	—	—	—	—	—
0.9	O – Apriori	4	1	—	—	—	—	—	—	—
	VSO – Apriori	4	1	—	—	—	—	—	—	—

表 5 – 18　O – Apriori 算法和 VSO – Apriori 算法在数据集 5 – 2 上的对比

（初始）最小支持度	算法	2 项集	3 项集	4 项集	5 项集	6 项集	7 项集	8 项集	9 项集
0.1	O – Apriori	113	192	142	54	11	1	—	—
	VSO – Apriori	113	303	403	315	156	50	10	1
0.2	O – Apriori	28	8	—	—	—	—	—	—
	VSO – Apriori	28	13	2	—	—	—	—	—
0.3	O – Apriori	5	—	—	—	—	—	—	—
	VSO – Apriori	5	1	—	—	—	—	—	—

下面以（初始）最小支持度取值为 0.2 的情况为例，结合实际的股票数据，对两种算法得到的频繁项集的有效性进行比较。当最小支持度取值为 0.2 时，O – Apriori 算法得到 28 个频繁 2 项集和 8 个频繁 3 项集，当初始最小支持度取值为 0.2 时，VSO – Apriori 算法得到 28 个频繁 2 项集，13 个频繁 3 项集和 2 个频繁 4 项集，以下主要对两种算法得到的频繁 3 项集的有效性进行比较。选取的 3 只股票［平安银行（000001）、招商银行（600036）和南京银行（601009）］分别记为股票 1、股票 2 和股票 3。

使用 O – Apriori 算法得到 8 个频繁 3 项集如下：

频繁 3 项集（1）：股票 1. 上涨（0）股票 2. 上涨（0）股票 3. 上涨（0），

频繁 3 项集（2）：股票 1. 下跌（1）股票 3. 下跌（1）股票 1. 上涨（2），

频繁 3 项集（3）：股票 1. 下跌（1）股票 2. 下跌（1）股票 3. 下跌（1），

频繁 3 项集（4）：股票 2. 下跌（1）股票 3. 下跌（1）股票 1. 上涨（2），

频繁 3 项集（5）：股票 1. 上涨（2）股票 2. 上涨（2）股票 3. 上涨（2），

频繁3项集（6）：股票1. 下跌（0）股票2. 下跌（0）股票3. 下跌（0），
频繁3项集（7）：股票1. 上涨（1）股票2. 上涨（1）股票3. 上涨（1），
频繁3项集（8）：股票1. 下跌（2）股票2. 下跌（2）股票3. 下跌（2）。

在这8个频繁3项集中只有频繁3项集（2）和（4）中的项不是在同一时间发生的，其余6个频繁3项集中的项都是在同一时间发生的，不具有预测性，是无效的。因此使用O－Apriori算法只能得到2个有效的频繁3项集。

使用VSO－Apriori算法可以得到13个频繁3项集，其中有8个是与O－Apriori算法相同的，以下列出不同的5个频繁3项集：

股票1. 下跌（1）股票2. 下跌（1）股票1. 上涨（2），
股票3. 下跌（1）股票1. 上涨（2）股票2. 上涨（2），
股票3. 下跌（1）股票1. 上涨（2）股票3. 上涨（2），
股票3. 下跌（1）股票2. 上涨（2）股票3. 上涨（2），
股票1. 下跌（0）股票3. 下跌（0）股票1. 上涨（1）。

这5个频繁3项集中的项都不是在同一时间发生的，都具有一定的预测意义，因此都是有效的。尤其是频繁3项集“股票1. 下跌（0）股票3. 下跌（0）股票1. 上涨（1）”是完全符合多元时间序列跨事务关联规则的定义要求的。

综合两种算法在数据集5－1和数据集5－2上的计算结果的比较可以得到以下结论：VSO－Apriori算法与O－Apriori算法相比，在适当的初始最小支持度和衰减系数的设置下能够找到更多有效的频繁项集。

第三节　基于滑动挖掘区间的动态关联规则挖掘算法

一、算法的主要思想与具体描述

传统的关联规则算法都是基于规则的支持度与置信度指标，并且认为关联规则在事务数据库中是永远有效的，没有考虑到规则的变化，这些被称为静态关联规则算法。但是，由于事务数据库通常是具有时间特性的，随着时间的推移关联规则会发生变化，因此，考虑规则的变化更加符合实际的情况。

本节提出了一种基于滑动挖掘区间的动态关联规则挖掘算法（Dynamic Association Rule Mining on Sliding Interval，SI－DARM），采用滑动时间窗口的思想对关联规则挖掘区间进行划分，对不同的挖掘区间寻找频繁项集和关联规则，并且能够跟踪及表现频繁项集在不同挖掘区间之间的模式变化。SI－DARM算法可分为三个部分：第一部分是频繁 k 项集的在线产生与维护过程；第二部分是分析频繁项集的变化趋势，根据频繁项集发现终止模式、持续模式和跳跃模式的离线过程；第三部分是在不同挖掘区间内根据频繁项集产生关联规则的离线过程。

1. 相关概念与定义

定义 5－26（关联规则挖掘区间 L）：关联规则挖掘区间是指用户关注的规则挖掘的区间，通过参数 L 来指定区间的长度，第 i 个关联规则挖掘区间记为 W_i。参数 L 可以指定为事务的个数，即挖掘区间为连续的 L 个事务，也可以指定为时间值，即挖掘区间为连续 L 个单位时间中的事务。

定义 5－27（区间间隔 l）：在动态关联规则挖掘过程中，随着新事务的不断到来，挖掘区间中的事务也不断更新。区间间隔 l 用来指定上一个挖掘区间与下一个挖掘区间之间的距离。参数 l 可以指定为事务的个数，即区间与区间之间的间隔为 l 个事务，也可以指定为时间值，即区间与区间之间的间隔为 l 个单位时间。

图 5－8 展示了关联规则挖掘区间的更新过程，每一个挖掘区间的长度为 L，随着新的事务的到来，挖掘区间每次更新 l 个事务。在动态关联规则挖掘过程中，既可以通过最新的挖掘区间获得最符合当前情况的关联规则，也可以研究关联规则的演化过程来预测以后的发展趋势。从图 5－8 中可以看到，每个挖掘区间 W_i 由三部分表示：U_{i1}，U_{i2} 和 U^i_{new}。U_{i1} 表示在下一挖掘区间 W_{i+1} 中没有的事务，U_{i2} 表示当前挖掘区间 W_i 中的事务，$(U_{i2}-U_{i1})$ 表示 W_i 与 W_{i+1} 重叠的事务，U^i_{new} 表示在下一挖掘区间 W_{i+1} 中即将到来的新事务，其中 $U_{i2}=U_{(i-1)2}-U_{(i-1)1}+U^{i-1}_{new}$。$U_{i1}$，$U_{i2}$ 和 U^i_{new} 中记录的是事务对应的所有 2 项集，记为〈{项集}，项集的个数〉。

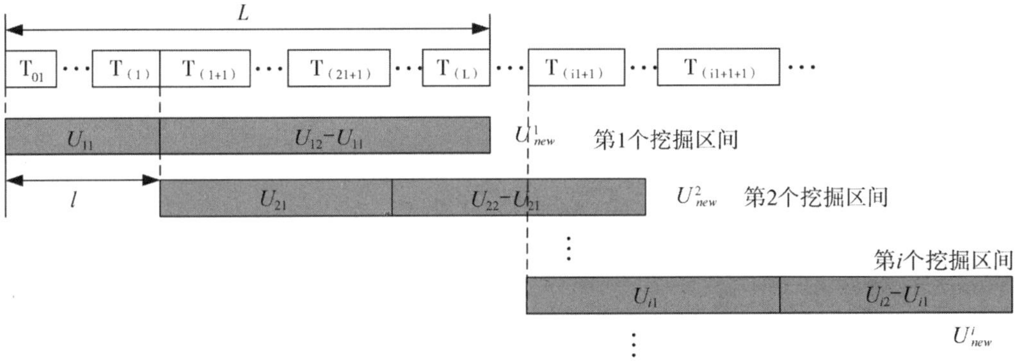

图 5－8　关联规则挖掘区间的更新过程

定义 5－28（频繁项集的变化系数）：频繁项集的变化系数描述了项集在两个相邻挖掘区间中的变化情况，记为 ρ_{X,W_i}，其中 X 是挖掘区间 W_i 或者 W_{i+1} 中的任意一个频繁项集。ρ_{X,W_i} 表示频繁项集 X 从挖掘区间 W_i 到挖掘区间 W_{i+1} 过程中支持度的变化情况，具体计算及取值如公式（5－3）所示，$Support(X, W_i)$ 表示频繁项集 X 在挖掘区间 W_i 中的支持度。

$$\rho_{X,W_i}=\frac{Support(X, W_{i+1})}{Support(X, W_i)} \tag{5-3}$$

（1）当 $Support(X, W_i)=0$，$Support(X, W_{i+1})\neq 0$ 时，$\rho_{X,W_i}=\infty$，表示项集 X 在挖掘区间 W_i 中是一个跳跃模式；

（2）当 $Support(X, W_i) \neq 0$，$Support(X, W_{i+1}) = 0$ 时，$\rho_{X,W_i} = 0$，表示项集 X 在挖掘区间 W_i 中是一个终止模式；

（3）当 $Support(X, W_i) \neq 0$，$Support(X, W_{i+1}) \neq 0$ 时，表示项集 X 在挖掘区间 W_i 中是一个持续模式。若 $\rho_{X,W_i} > 1$，则此持续模式是增强的，若 $\rho_{X,W_i} < 1$，则此持续模式是减弱的，若 $\rho_{X,W_i} = 1$，则此持续模式是不变的。

2. 频繁 k 项集的在线产生与维护

本小节将介绍频繁 k 项集的在线产生与维护过程，使用如表 5－19 所示的事务数据库 D 对每一步骤进行说明。参数设置如下：$L = 12$，$l = 4$，min_ sup = 3。

表 5－19　示例事务数据库 D

时间	事务标识号	项集	时间	事务标识号	项集
第 1 天	T_{01}	A，B，D	第 3 天	T_{11}	A，C
第 1 天	T_{02}	C，D	第 3 天	T_{12}	A，E
第 1 天	T_{03}	B，C	第 4 天	T_{13}	C，D
第 1 天	T_{04}	B，D	第 4 天	T_{14}	A，B，C，E
第 2 天	T_{05}	C，D	第 4 天	T_{15}	A，C
第 2 天	T_{06}	A，B，E	第 4 天	T_{16}	A，B，C，D
第 2 天	T_{07}	A，C，D	第 5 天	T_{17}	A，D
第 2 天	T_{08}	B，C，D	第 5 天	T_{18}	B，C，E
第 3 天	T_{09}	A，B，C，D	第 5 天	T_{19}	A，C，D，E
第 3 天	T_{10}	C，D，E	第 5 天	T_{20}	C

（1）为第一个挖掘区间 W_1 建立事务布尔矩阵 T_{W_1}，并求解 U_{11} 和 U_{12}。根据 U_{12} 和 min_ sup 的取值产生频繁 2 项集 $L_{W_1}^2$，根据 $L_{W_1}^2$ 和 T_{W_1} 求解频繁 k 项集 $L_{W_1}^k$。

由于 $L = 12$，第一个挖掘区间 W_1 建立的事务布尔矩阵 T_{W_1} 如表 5－20 所示。由于 $l = 4$，U_{11} 对应的事务为 $T01$ 至 $T04$，U_{12} 对应的事务为 T01 至 T12，分别寻找 U_{11} 和 U_{12} 中的所有 2 项集，结果如下：

$U_{11} = \{(\{AB\}, 1), (\{AD\}, 1), (\{BD\}, 2), (\{CD\}, 1), (\{BC\}, 1)\}$；

$U_{12} = \{(\{AB\}, 3), (\{AD\}, 3), (\{BD\}, 4), (\{CD\}, 6), (\{BC\}, 3), (\{AE\}, 2), (\{BE\}, 1), (\{AC\}, 3), (\{CE\}, 1), (\{DE\}, 1)\}$

由于 min_ sup = 3，则得到频繁 2 项集 $L_{W_1}^2$ 如下：

$L_{W_1}^2 = \{(\{AB\}, 3), (\{AD\}, 3), (\{BD\}, 4), (\{CD\}, 6), (\{BC\}, 3), (\{AC\}, 3)\}$

根据 $L_{W_1}^2$ 和事务布尔矩阵 T_{W_1} 可得到剩下的频繁 k 项集，具体算法步骤参见

O－Apriori 算法，结果如下：$L_{W_1}^3=\{\varnothing\}$。

表 5－20　事务布尔矩阵 T_{W_1}

项	T_{01}	T_{02}	T_{03}	T_{04}	T_{05}	T_{06}	T_{07}	T_{08}	T_{09}	T_{10}	T_{11}	T_{12}
A	1	0	0	0	0	1	1	0	1	0	1	1
B	1	0	1	1	0	1	0	1	1	0	0	0
C	0	1	1	0	1	0	1	1	1	1	1	0
D	1	1	0	1	1	0	1	1	1	1	0	0
E	0	0	0	0	0	1	0	0	0	1	0	1

（2）当新的事务集 U_{new}^1 到来，产生第 2 个挖掘区间 W_2。更新事务布尔矩阵，产生新的事务布尔矩阵 T_{W_2} 如表 5－21 所示。

表 5－21　事务布尔矩阵 T_{W_2}

项	T_{05}	T_{06}	T_{07}	T_{08}	T_{09}	T_{10}	T_{11}	T_{12}	T_{13}	T_{14}	T_{15}	T_{16}
A	0	1	1	0	1	0	1	1	0	1	1	1
B	0	1	0	1	1	0	0	0	0	1	0	1
C	1	0	1	1	1	1	1	0	1	1	1	1
D	1	0	1	1	1	1	0	0	1	0	0	1
E	0	1	0	0	0	1	0	1	0	1	0	0

U_{21} 对应的事务为 T_{05} 至 T_{08}，U_{22} 对应的事务为 T_{05} 至 T_{16}，分别寻找 U_{21} 和 U_{22} 中的所有 2 项集，结果如下：

$U_{new}^1=\{(\{CD\},2),(\{AB\},2),(\{AC\},3),(\{AE\},1),(\{BC\},2),(\{BE\},1),(\{CE\},1),(\{AD\},1),(\{BD\},1)\}$

$U_{21}=\{(\{CD\},3),(\{AB\},1),(\{AE\},1),(\{BE\},1),(\{AC\},1),(\{AD\},1),(\{BC\},1),(\{BD\},1)\}$

$U_{22}=U_{12}-U_{11}+U_{new}^1=\{(\{AB\},4),(\{AD\},3),(\{BD\},3),(\{CD\},7),(\{BC\},4),(\{AE\},3),(\{BE\},2),(\{AC\},6),(\{CE\},2),(\{DE\},1)\}$

由于 min_ sup＝3，则得到频繁 2 项集 $L_{W_2}^2$ 如下：

$L_{W_1}^2=\{(\{AB\},4),(\{AD\},3),(\{BD\},3),(\{CD\},7),(\{BC\},4),(\{AE\},3),(\{AC\},6)\}$

根据 $L_{W_1}^2$ 和事务布尔矩阵 T_{W_2} 可得到剩下的频繁 k 项集，具体算法步骤参见 O－Apriori 算法，结果如下：

$L_{W_2}^3=\{(\{ACD\},3),(\{BCD\},3)\}$

$L_{W_2}^4 = \{\varnothing\}$

（3）以此类推，当有新的事务到来时，按照以上步骤进行更新，记录最新挖掘区间的所有频繁项集。对于示例数据库 D，可得到第三个挖掘区间 W_3 的相关结果如表5－22 所示。

表 5－22 事务布尔矩阵 T_{w_3}

项	T_{09}	T_{10}	T_{11}	T_{12}	T_{13}	T_{14}	T_{15}	T_{16}	T_{17}	T_{18}	T_{19}	T_{20}
A	1	0	1	1	0	1	1	1	1	0	1	0
B	1	0	0	0	0	1	0	1	0	1	0	0
C	1	1	1	0	1	1	1	1	0	1	1	1
D	1	1	0	0	1	0	0	1	1	0	1	0
E	0	1	0	1	0	1	0	0	0	1	1	0

$U_{31} = \{(\{AB\}, 1), (\{AC\}, 2), (\{AD\}, 1), (\{BC\}, 1), (\{BD\}, 1), (\{CD\}, 2), (\{CE\}, 1), (\{DE\}, 1), (\{AE\}, 1)\}$

$U_{new}^2 = \{(\{AD\}, 2), (\{BC\}, 1), (\{BE\}, 1), (\{CE\}, 2), (\{AC\}, 1), (\{AE\}, 1), (\{CD\}, 1), (\{DE\}, 1)\}$

$U_{32} = U_{22} - U_{21} + U_{new}^2 = \{(\{AB\}, 3), (\{AD\}, 4), (\{BD\}, 2), (\{CD\}, 5), (\{BC\}, 4), (\{AE\}, 3), (\{BE\}, 2), (\{AC\}, 6), (\{CE\}, 4), (\{DE\}, 2)\}$

$L_{W_3}^2 = \{(\{AB\}, 3), (\{AD\}, 4), (\{CD\}, 5), (\{BC\}, 4), (\{AE\}, 3), (\{AC\}, 6), (\{CE\}, 4)\}$

$L_{W_3}^3 = \{(\{ACD\}, 3), (\{ABC\}, 3)\}$

$L_{W_3}^4 = \{\varnothing\}$

3. 频繁项集的变化趋势的分析

根据定义 5－28 计算每个挖掘区间中的频繁项集的变化系数，得到它们的变化模式。使用变化模式可以预测频繁项集的发展趋势，从而对时间序列的趋势进行预测。

（1）计算第 1 个挖掘区间 W_1。

$$\rho_{\{AB\},W_1} = \frac{Support(\{AB\}, W_2)}{Support(\{AB\}, W_1)} = \frac{4}{3} > 1 \text{（增强持续模式）}$$

$$\rho_{\{AD\},W_1} = \frac{Support(\{AD\}, W_2)}{Support(\{AD\}, W_1)} = \frac{3}{3} = 1 \text{（不变持续模式）}$$

同理可得，$\rho_{\{BD\},W_1} = \frac{3}{4} < 1$（减弱持续模式），$\rho_{\{CD\},W_1} = \frac{7}{6} > 1$（增强持续模式），$\rho_{\{BC\},W_1} = \frac{4}{3} > 1$（增强持续模式），$\rho_{\{AC\},W_1} = 2 > 1$（增强持续模式），$\rho_{\{AE\},W_1} = \frac{3}{0} = \infty$（跳跃模式），$\rho_{\{ACD\},W_1} = \infty$（跳跃模式），$\rho_{\{BCD\},W_1} = \infty$（跳跃模式）。

（2）计算第 2 个挖掘区间 W_2。

$$\rho_{\{AB\},W_2}=\frac{Support\ (\{AB\},\ W_3)}{Support\ (\{AB\},\ W_2)}=\frac{3}{4}<1$$（减弱持续模式）

$$\rho_{\{AD\},W_2}=\frac{Support\ (\{AD\},\ W_3)}{Support\ (\{AD\},\ W_2)}=\frac{4}{3}>1$$（增强持续模式）

同理可得，$\rho_{\{BD\},W_2}=\frac{0}{3}=0$（终止模式），$\rho_{\{CD\},W_2}=\frac{5}{7}<1$（减弱持续模式），$\rho_{\{BC\},W_2}=\frac{4}{4}=1$（不变持续模式），$\rho_{\{AE\},W_2}=\frac{3}{3}=1$（不变持续模式），$\rho_{\{AC\},W_2}=\frac{6}{6}=1$（不变持续模式），$\rho_{\{CE\},W_2}=\frac{4}{0}=\infty$（跳跃模式），$\rho_{\{ACD\},W_2}=\frac{1}{1}=1$（不变持续模式），$\rho_{\{BCD\},W_2}=\frac{0}{3}=0$（终止模式），$\rho_{\{ABC\},W_2}=\frac{3}{0}=\infty$（跳跃模式）。

因此，可得到频繁项集的模式变化结果如下：

$\{AB\}$：增强持续模式→减弱持续模式；$\{AD\}$：不变持续模式→增强持续模式；

$\{BD\}$：减弱持续模式→终止模式；$\{CD\}$：增强持续模式→减弱持续模式；

$\{BC\}$：增强持续模式→不变持续模式；$\{AC\}$：增强持续模式→不变持续模式；

$\{AE\}$：跳跃模式→不变持续模式；$\{CE\}$：“　　”→跳跃模式；

$\{ACD\}$：跳跃模式→不变持续模式；$\{BCD\}$：跳跃模式→终止模式；

$\{ABC\}$：“　　”→跳跃模式。

二、在多元时间序列关联分析中的应用

本小节将通过一个示例来说明 *SI-DARM* 算法在多元时间序列关联分析中的应用。另外，会通过示例来说明利用多元时间序列跨事务关联规则的定义压缩搜索空间的过程。示例使用的数据是表 5-9 中股票序列 S_A 和 S_B 的数据，数据的预处理过程不再详细描述，预处理的参数设置如下：e_1 表示事件“上涨”，e_2 表示事件“下跌”，滑动时间窗口的长度 $\omega=2$，间隔 $\lambda=1$。预处理后得到如表 5-23 所示的结果。

表 5-23　股票序列数据预处理的结果

事务标识号	项集
T_{01}	$S_{A\cdot e_2}$ (0)，$S_{A\cdot e_1}$ (1)，$B_{B\cdot e_1}$ (1)
T_{02}	$S_{A\cdot e_1}$ (0)，$S_{B\cdot e_1}$ (0)
T_{03}	$S_{A\cdot e_1}$ (1)，$S_{B\cdot e_1}$ (1)
T_{04}	$S_{A\cdot e_1}$ (0)，$S_{B\cdot e_1}$ (0)，$S_{A\cdot e_2}$ (1)，$S_{B\cdot e_2}$ (1)
T_{05}	$S_{A\cdot e_2}$ (0)，$S_{B\cdot e_2}$ (0)，$B_{A\cdot e_1}$ (1)
T_{06}	$S_{A\cdot e_1}$ (0)，$S_{A\cdot e_2}$ (1)，$S_{B\cdot e_2}$ (1)

1. 频繁 k 项集的在线产生与维护

参数设置如下：$L=4$，$l=1$，$\min\_\sup=2$。

（1）第1个挖掘区间的事务布尔矩阵如表5－24所示。

表5－24　第1个挖掘区间的事务布尔矩阵

事务标识号	$S_{A\cdot e_1}(0)$	$S_{A\cdot e_2}(0)$	$S_{B\cdot e_1}(0)$	$S_{B\cdot e_2}(0)$	$S_{A\cdot e_1}(1)$	$S_{A\cdot e_2}(1)$	$S_{B\cdot e_1}(1)$	$S_{B\cdot e_2}(1)$
T_{01}	0	1	0	0	1	0	1	0
T_{02}	1	0	1	0	0	0	0	0
T_{03}	0	0	0	0	1	0	1	0
T_{04}	0	1	0	1	0	1	0	1

$U_{11}=\{(\{S_{A\cdot e_2}(0), S_{A\cdot e_1}(1)\}, 1), (S_{A\cdot e_2}(0), \{S_{B\cdot e_1}(1)\}, 1)\}$

$U_{12}=\{(\{S_{A\cdot e_2}(0), S_{A\cdot e_1}(1)\}, 1), (\{S_{A\cdot e_2}(0), S_{B\cdot e_1}(1)\}, 1), (\{S_{A\cdot e_1}(0), S_{B\cdot e_1}(0), 2), (\{S_{A\cdot e_1}(0), S_{A\cdot e_2}(1)\}, 1), (\{S_{A\cdot e_1}(0), S_{B\cdot e_2}(1)\}, 1), (\{S_{B\cdot e_1}(0), S_{A\cdot e_2}(1)\}, 1), (\{S_{B\cdot e_1}(0), S_{B\cdot e_2}(1)\}, 1)\}$

根据多元时间序列跨事务关联规则的定义，在产生的形如 $A\Rightarrow B$ 的关联规则中，项集 A 必须包括时间点为0的项集，因此在产生2项集的过程中，可以只寻找包含 $S_{A\cdot e_1}(0)$，$S_{A\cdot e_2}(0)$，$S_{B\cdot e_1}(0)$ 和 $S_{B\cdot e_2}(0)$ 的项集。因此在 U_{11} 和 U_{12} 中未包含 $\{S_{A\cdot e_1}(1), S_{B\cdot e_1}(1)\}$。

$L_{W_1}^2=\{(\{S_{A\cdot e_1}(0), S_{B\cdot e_1}(0)\}, 2)\}$

$L_{W_1}^3=\{\varnothing\}$

$U_{new}^1=\{(\{S_{A\cdot e_2}(0), S_{B\cdot e_2}(0)\}, 1), (\{S_{A\cdot e_2}(0), S_{A\cdot e_1}(1)\}, 1), (\{S_{B\cdot e_2}(0), S_{A\cdot e_1}(1)\}, 1)\}$

（2）第2个挖掘区间的事务布尔矩阵如表5－25所示。

表5－25　第2个挖掘区间的事务布尔矩阵

事务标识号	$S_{A\cdot e_1}(0)$	$S_{A\cdot e_2}(0)$	$S_{B\cdot e_1}(0)$	$S_{B\cdot e_2}(0)$	$S_{A\cdot e_1}(1)$	$S_{A\cdot e_2}(1)$	$S_{B\cdot e_1}(1)$	$S_{B\cdot e_2}(1)$
T_{02}	1	0	1	0	0	0	0	0
T_{03}	0	0	0	0	1	0	1	0
T_{04}	0	1	0	1	0	1	0	1
T_{05}	0	1	0	1	1	0	0	0

$U_{21}=\{(\{S_{A\cdot e_1}(0), S_{B\cdot e_1}(0)\}, 1)\}$

$U_{22}=U_{12}-U_{11}+U_{new}^1=\{(\{S_{A\cdot e_1}(0), S_{B\cdot e_2}(0)\}, 1), (\{S_{A\cdot e_2}(0), S_{B\cdot e_1}$

(1)}, 1), ({$S_{A\cdot e_1}$(0), $S_{B\cdot e_1}$(0)}, 2), ({$S_{A\cdot e_1}$(0), $S_{A\cdot e_2}$(1)}, 1), ({$S_{A\cdot e_1}$(0), $S_{B\cdot e_2}$(1)}, 1), ({$S_{B\cdot e_1}$(0), $S_{A\cdot e_2}$(1)}, 1), ({$S_{B\cdot e_1}$(0), $S_{B\cdot e_2}$(1)}, 1), ({$S_{B\cdot e_2}$(0), $S_{A\cdot e_1}$(1)}, 1)}

$L_{W_2}^2$ = {({$S_{A\cdot e_1}$(0), $S_{B\cdot e_1}$(0)}, 2)}

$L_{W_2}^3$ = {∅}

U_{new}^2 = {({$S_{A\cdot e_1}$(0), $S_{A\cdot e_2}$(1)}, 1), ({$S_{A\cdot e_1}$(0), $S_{B\cdot e_2}$(1)} 1)}

(3) 第3个挖掘区间的事务布尔矩阵如表5-26所示。

表5-26 第3个挖掘区间的事务布尔矩阵

事务标识号	$S_{A\cdot e_1}$(0)	$S_{A\cdot e_2}$(0)	$S_{B\cdot e_1}$(0)	$S_{B\cdot e_2}$(0)	$S_{A\cdot e_1}$(1)	$S_{A\cdot e_2}$(1)	$S_{B\cdot e_1}$(1)	$S_{B\cdot e_2}$(1)
T_{03}	0	0	0	0	1	0	1	0
T_{04}	0	1	0	1	0	1	0	1
T_{05}	0	1	0	1	1	0	0	0
T_{06}	1	0	0	0	0	1	0	1

由于T_{03}只包含一个2项集，但是此2项集不满足多元时间序列跨事务关联规则的要求，不包含任何时间点0时的项集，因此U_{31} = {∅}。

$U_{32}=U_{22}-U_{21}+U_{new}^2$ = {({$S_{A\cdot e_2}$(0), $S_{B\cdot e_2}$(0)}, 1), ({$S_{A\cdot e_2}$(0), $S_{B\cdot e_1}$(1)}, 1), ({$S_{A\cdot e_1}$(0), $S_{B\cdot e_1}$(0)}, 1), ({$S_{A\cdot e_1}$(0), $S_{A\cdot e_2}$(1)}, 2), ({$S_{A\cdot e_1}$(0), $S_{B\cdot e_2}$(1), 2), ({$S_{B\cdot e_1}$(0), $S_{A\cdot e_2}$(1)}, 1), ({$S_{B\cdot e_1}$(0), $S_{B\cdot e_2}$(1)}, 1), ({$S_{B\cdot e_2}$(0), $S_{A\cdot e_1}$(1)}, 1)}

$L_{W_3}^2$ = {({$S_{A\cdot e_1}$(0), $S_{A\cdot e_2}$(1)}, 2), ({$S_{A\cdot e_1}$(0), $S_{B\cdot e_2}$(1)}, 2)}

$L_{W_3}^3$ = {({$S_{A\cdot e_1}$(0), $S_{A\cdot e_2}$(1), $S_{B\cdot e_2}$(1)}, 2)}

$L_{W_3}^4$ = {∅}

2. 产生关联规则

设最小置信度 min_ *conf* = 0.8，产生每一挖掘区间关联规则如下：

(1) 第1个挖掘区间 W_1。

$$Confidence\ (S_{A\cdot e_1}(0) \Rightarrow S_{B\cdot e_1}(0)) = \frac{2}{3} < 0.8$$

$$Confidence\ (S_{B\cdot e_1}(0) \Rightarrow S_{A\cdot e_1}(0)) = 1 < 0.8$$

因此得到关联规则 $S_{B\cdot e_1}(0) \Rightarrow S_{A\cdot e_1}(0)$

(2) 第2个挖掘区间 W_2。

$$Confidence\ (S_{A\cdot e_1}(0) \Rightarrow S_{B\cdot e_1}(0)) = \frac{2}{3} < 0.8$$

$$Confidence\ (S_{B\cdot e_1}(0) \Rightarrow S_{A\cdot e_1}(0)) = 1 < 0.8$$

因此得到关联规则 $S_{B\cdot e_1}(0) \Rightarrow S_{A\cdot e_1}(0)$

（3）第3个挖掘区间 W_3。

$$Confidence(S_{A\cdot e_1}(0) \Rightarrow S_{A\cdot e_2}(1)) = \frac{2}{3} < 0.8$$

$$Confidence(S_{A\cdot e_1}(0) \Rightarrow S_{B\cdot e_2}(1)) = \frac{2}{3} < 0.8$$

$$Confidence(S_{A\cdot e_1}(0) \Rightarrow S_{A\cdot e_2}(1)\ S_{B\cdot e_2}(1)) = \frac{2}{3} < 0.8$$

因此，未得到任何关联规则。

3. 频繁项集的变化趋势分析

具体的计算过程不再详述，得到的结果如下：

$\{S_{A\cdot e_1}(0)\ S_{B\cdot e_1}(0)\}$：不变持续模式→终止模式；

$\{S_{A\cdot e_1}(0)\ S_{A\cdot e_2}(1)\}$：→跳跃模式；

$\{S_{A\cdot e_1}(0)\ S_{A\cdot e_2}(1)\}$：→跳跃模式；

$\{S_{A\cdot e_1}(0)\ S_{A\cdot e_2}(1)\ S_{B\cdot e_2}(1)\}$：→跳跃模式。

三、SI－DARM 算法和 DSAT 算法的实验对比与分析

1. 实验框架

（1）数据集。

采用数据集5－2，具体描述参见本章第二节。

（2）实验方案。

对数据集5－2使用SI－DARM算法进行动态关联规则挖掘，实验参数设置为：$L=15$，$l=5$。实验的目的如下：

1）比较本节提出的SI－DARM算法和DSAT算法。由于DSAT算法只是对频繁2项集的模式变化进行追踪，在本实验中也主要是对两种算法得到的频繁2项集的结果进行比较。

2）将本节实验结果和第二节的数据集5－2的实验结果进行比较。

2. 实验结果分析

按照实验的参数设置可将数据集5－2划分为8个挖掘区间，使用SI－DARM算法对8个挖掘区间进行挖掘，分别记为 W_1，W_2，…，W_8，因为数据集5－2中只涉及到3只股票的数据，因此只有频繁2项集和频繁3项集得到的关联规则是有效的。表5－27列出了使用SI－DARM算法得到的频繁2项集和频繁3项集的统计数目，表5－28列出了使用DSAT算法得到的频繁2项集的统计数目。

表 5－27　SI－DARM 算法在数据集 5－2 上得到的频繁 2 项集和频繁 3 项集

区间	W_1	W_2	W_3	W_4	W_5	W_6	W_7	W_8
频繁 2 项集	18	12	4	5	4	1	4	8
频繁 3 项集	19	9	3	3	1	1	1	3

表 5－28　DSAT 算法在数据集 5－2 上得到的频繁 2 项集

区间	W_1	W_2	W_3	W_4	W_5	W_6	W_7	W_8
频繁 2 项集	18	10	3	2	2	1	0	3

从表 5－27 和表 5－28 的对比可以发现，SI－DARM 算法的结果是优于 DSAT 算法的，具体分析如下：

1）除挖掘区间 W_1 以外，SI－DARM 算法在其他 7 个挖掘区间上得到的频繁 2 项集的数目都是大于 DSAT 算法的。DSAT 算法在挖掘区间的交替过程中只保留了频繁 2 项集的信息，因此，前一个挖掘区间中不是频繁 2 项集的 2 项集不会进入下一个挖掘区间的挖掘过程，这种方法会丢失掉部分频繁 2 项集。而 SI－DARM 算法在计算的过程中保留了所有的 2 项集信息，因此可以在每一个挖掘区间内找到所有的频繁 2 项集。

2）除了频繁 2 项集以外，SI－DARM 算法还可以找到其他所有的频繁 k 项集，而 DSAT 算法只能寻找频繁 2 项集。

使用 O－Apriori 算法对数据集 5－2 的整体进行了频繁项集挖掘，得到的结果如表 5－18 所示。当最小支持度取值为 0.2 时，可以得到 28 个频繁 2 项集和 8 个频繁 3 项集，按照股票多元时间序列跨事务关联规则挖掘的要求对这些频繁项集进行有效性检验，最终筛选出的结果为 3 个频繁 2 项集和 0 个频繁 3 项集。这 3 个频繁 2 项集如下：

频繁 2 项集（1）：股票 1. 上涨（0）股票 2. 上涨（1）；

频繁 2 项集（2）：股票 1. 上涨（0）股票 3. 下跌（1）；

频繁 2 项集（3）：股票 3. 下跌（0）股票 1. 上涨（1）。

根据 SI－DARM 算法可以得到以上 3 个频繁 2 项集的变化模式序列如下：

股票 1. 上涨（0）股票 2. 上涨（1）：“　　”→“　　”→跳跃模式→持续模式→终止模式→终止模式→跳跃模式；

股票 1. 上涨（0）股票 3. 下跌（1）：持续模式→持续模式→持续模式→终止模式→终止模式→终止模式→终止模式；

股票 3. 下跌（0）股票 1. 上涨（1）：持续模式→终止模式→终止模式→终止模式→终止模式→终止模式→终止模式。

从频繁 2 项集的变化模式序列可以看到，项集“股票 1. 上涨（0）股票 3. 下跌（1）”和“股票 3. 下跌（0）股票 1. 上涨（1）”只是在数据集 5－2 的前半部分频繁，而项集“股票 1. 上涨（0）股票 2. 上涨（1）”只是在数据集 5－2 的后半部分频繁，因此不能简单地认为它们在整个数据集上都是频繁的，而使用 SI－DARM 算法可以发现不同的频繁项集所处的频繁区间。

第四节 本 章 小 结

本章主要研究金融时间序列的关联规则分析，提出了几种时间序列关联规则挖掘的方法。首先提出了 O－Apriori 算法，构建频繁状态矩阵来存放项集的频繁状态，构建事务布尔矩阵来存放事务与项集的关系，只需在初始化阶段扫描一次数据库产生初始的频繁状态矩阵和事务布尔矩阵，并根据多元时间序列的跨事务关联规则的定义对递推寻找频繁 k 项集的过程进行约简，大大提高了关联规则挖掘的效率。然后，提出了基于可变支持度的 O－Apriori 算法，VSO－Apriori 算法关注不同级别的频繁项集在发生频率上的差异性，设置了变化的最小支持度阈值来对应不同级别的频繁项集。最后提出了基于滑动挖掘区间的 SI－DERM 算法，该算法可分为三个部分：第一部分是频繁 k 项集的在线产生与维护过程；第二部分是分析频繁项集的变化趋势，根据频繁项集发现终止模式、持续模式和跳跃模式的离线过程；第三部分是在不同挖掘区间内根据频繁项集产生关联规则的离线过程。使用 SI－DARM 算法可以发现频繁项集在不同挖掘区间的变化过程，在此基础上可以对频繁项集的未来趋势进行预测。

第六章　金融时间序列的聚类分析

聚类分析是一种寻求数据的自然聚集结构的重要方法，是概念描述和偏差分析的先决条件，通过聚类可以增强人们对客观世界的认识与理解。作为数据挖掘领域非常重要的一项任务，聚类是其他数据挖掘任务的前奏，有助于根据相似性建立对象分类层次。通过聚类把整个数据集分成相似的子集后，就能更容易和更有效地使用其他的数据挖掘方法在聚类结果的基础上发现有用的规则和模式。时间序列的聚类也是目前数据挖掘领域研究的热点之一，大多数时间序列的聚类方法都是先将时间序列进行转换，使用转换后的时间序列的特征值或者是模型来进行聚类计算。对于金融时间序列来说，为了保留其形态特征与趋势特征，本书第 4 章中提出了几种相似性度量方法，本章将在这些相似性度量方法的基础上进行聚类算法的设计。另外，针对金融时间序列数据流的在线聚类和演化的问题，本章提出了一种基于形态特征的数据流聚类的方法。

第一节　聚类方法介绍

聚类分析仅根据在数据中发现的描述对象及其关系的信息将数据对象分组，其目标是，组内对象相互之间是相似的，而不同组中的对象是不同的。组内的相似性越大，组间差别越大，聚类就越好。聚类分析的方法大致可分为以下几种：K 均值聚类算法、层次聚类算法、基于密度的聚类算法和基于图的聚类算法。本节将简要介绍几种与本章研究有关的聚类方法。

一、K 均值聚类算法

K 均值聚类算法的原理比较简单。首先，选择 K 个初始质心，其中 K 是用户指定的参数，即所期望的簇的个数。每个点指派到最近的质心，而指派到一个质心的点集为一个簇。然后，根据指派到簇的点，更新每个簇的质心。重复指派和更新步骤，直到簇不发生变化，或者直到质心不发生变化。K 均值聚类算法的形式化描述如图 6－1 所示。

```
基本 K 均值算法
1：选择 K 个点作为初始质心
2：repeat
3：将每个点指派到最近的质心，形成 K 个簇
4：重新计算每个簇的质心
5：until 质心不发生变化
```

图 6－1　K 均值聚类算法的形式化描述

对于邻近性函数和质心类型的某些组合，K 均值总是收敛到一个解，即 K 均值到达一种状态：其中所有点都不会从一个簇转移到另一个簇，因此质心不再改变。然而，由于大部分收敛都发生在早期阶段，因此通常用较弱的条件替换图 6－1 中算法的第 5 行，例如，使用“直到仅有 1% 的点改变簇”。

（1）指派点到最近的质心。

为了将点指派到最近的质心，需要邻近性度量来量化所考虑数据的“最近”概念。通常，对欧氏空间中的点使用欧几里得距离（L_2），对文档用余弦相似性。然而，对于给定的数据类型，可能存在多种适合的邻近性度量。例如，曼哈顿距离可以用于欧几里得数据，而 Jaccard 度量常常用于文档。通常，K 均值使用的相似性度量相对简单，因为算法需要重复计算每个点与每个质心的相似度。然而，在某些情况下，许多相似度的计算都有可能省去，因此显著加快了 K 均值算法的速度。

（2）质心和目标函数。

K 均值聚类算法的第 4 步通常描述为“重新计算每个簇的质心”（如图 6－1 所示），因为质心可能随数据邻近性度量和聚类目标不同而改变。聚类的目标通常用一个目标函数表示，该函数依赖于点之间，或点到簇的质心的邻近性，例如，最小化每个点到最近质心的距离的平方。

二、层次聚类算法

层次聚类算法也是一类重要的聚类方法，有两种产生层次聚类的基本方法：①凝聚的层次聚类法：从点作为个体簇开始，每一步合并两个最接近的簇；②分裂的层次聚类法：从包含所有点的一个簇开始，每一步分裂一个簇，直到仅剩下单点簇。两种方法相比，凝聚的层次聚类法更加常用，本小节只介绍凝聚的层次聚类法，算法描述如图 6－2 所示。

```
基本凝聚层次聚类算法
1：计算邻近度矩阵
2：repeat
3：合并最接近的两个簇
4：更新邻近度矩阵，以反映新的簇与原来簇之间的邻近性
5：until 仅剩下一个簇
```

图 6－2　基本凝聚层次聚类算法的形式化描述

（1）定义簇之间的邻近性。

凝聚的层次聚类方法的关键操作是计算两个簇之间的邻近度，簇的邻近度的计算常是与簇的类型定义有关。许多凝聚的层次聚类技术，如 MIN、MAX 和组平均，都来源于簇的基于图的观点。MIN 定义簇的邻近度为不同簇的两个最近点之间的邻近度，使用图的术语描述为“不同的结点子集中两个结点之间的最短边”。MAX 取不同簇中两个最

远的点之间的邻近度作为簇的邻近度，使用图的术语描述为“不同的结点子集中两个结点之间的最长边”。组平均计数定义簇的邻近度为取自不同簇的所有点对的平均逐对邻近度，使用图的术语描述为“不同的结点子集中所有两两结点之间的平均边长”。

（2）时间和空间复杂性。

基本的凝聚层次聚类方法使用邻近度矩阵，这需要存储 $m^2/2$ 个邻近度，其中 m 是数据点的个数，记录簇所需要的空间正比于簇的个数（$m-1$），因此总的空间复杂度为 $O(m^2)$。另外，从时间复杂度来看，需要 $O(m^2)$ 的时间计算邻近度矩阵，在后面步骤的迭代和搜索过程可以采用有序表或者堆来降低计算复杂性，最终需要的总的时间为 $O(m^2\log m)$。

三、基于 SNN 密度的聚类

在某些情况下，依赖于相似度和密度的标准方法不能产生理想的聚类结果，因此引入一种相似性计算的间接方法，此方法基于以下原理：如果两个点与相同的点中的大部分都相似，则即使直接的相似性度量不能得到，它们也被认为是相似的。图 6－3 描述了相似度的共享最近邻（Shared Nearest Neighbor，简称 SNN）定义。从本质上看，只要两个对象都在对方的最近邻列表中，SNN 相似度就是它们共享的近邻个数，基本的邻近性度量可以是任何有意义的相似性或相异性度量。

```
计算共享最近邻相似度
1：找出所有点的 K 最近邻
2：if 两个点 x 和 y 不是互相在对方的 K 最近邻中 then
3：      Similarity(x,y) ← 0
4：else
5：      Similarity(x,y) ← 共享的近邻个数
6：endif
```

图 6－3　相似度的共享最近邻定义[57]

SNN 相似度解决了使用直接相似度出现的一些问题。首先，它通过共享最近邻的个数考虑了对象的环境，因此可以处理两个对象相对接近却不属于同一类的情况。另外，SNN 相似度也能处理变密度簇的问题。在低密度区域，对象比高密度区域的对象分开得更远，而两个对象之间的 SNN 相似度只依赖于两个对象共享的最近邻的个数，因此，SNN 相似度可以针对对象点的密度进行自动缩放。

SNN 相似性度量反映了数据空间中点的局部结构，对密度的变化和空间的维度都相对不太敏感，SNN 密度的概念定义如下：

（1）核心点。一个点是核心点，如果在该点给定邻域（由 SNN 相似度和用户提供的参数 *Eps* 确定）内的点数超过某个阈值 *MinPts*，其中 *MinPts* 也是用户提供的参数。

（2）边界点。边界点不是核心点（即它的邻域内没有足够的点使它成为核心点），

但是它落在一个核心点的邻域内。

（3）噪声点。噪声点是既非核心点，也非边界点的任何点。

SNN 密度度量一个点被类似的点（关于最近邻）包围的程度。这样，在高密度和低密度区域的点一般具有相对较高的 SNN 密度，而在从低密度到高密度过渡的区域中的点（簇间的点）将趋向于具有低 SNN 密度。基于 SNN 密度的聚类算法的描述如图 6－4 所示，该算法可以自动确定数据中簇的个数。DBSCAN 是最基本的基于密度的聚类算法，其算法的描述如图 6－5 所示。

基于 SNN 密度的聚类算法
1：计算 SNN 相似度图
2：以用户指定的参数 *Eps* 和 *MinPts*，使用 DBSCAN

图 6－4　基于 SNN 密度的聚类算法的描述

DBSCAN 算法
1：将所有点标记为核心点、边界点或噪声点
2：删除噪声点
3：为距离在 *Eps* 之内的所有核心点之间赋予一条边
4：每组连通的核心点形成一个簇
5：将每个边界点指派到一个与之关联的核心点的簇中

图 6－5　DBSCAN 算法的描述

第二节　基于改进的分层动态时间弯曲技术的聚类

一、基于 IHDTW 的聚类算法的主要思想

本节提出了基于改进的分层动态时间弯曲技术（IHDTW）的聚类算法，该算法是本书在第四章提出的改进的分层动态时间弯曲相似性度量方法（IHDTW）的基础上实现的，在聚类过程中采用基于共享最近邻相似度（SNN）的思想来构建相似性计数矩阵，并借鉴支持度计数的思想对相似性计数矩阵进行过滤，提高了时间序列聚类挖掘的效果，具体的算法思想如下：

（1）在该聚类算法中，使用改进的分层动态时间弯曲相似性度量方法（IHDTW）作为参与聚类的时间序列之间的相似性度量方法。本书第四章介绍了 IHDTW 算法，IHDTW 算法将时间序列分为若干层次，并将每一层次上的相似度进行汇总计算平均相似度。

（2）提出了相似性计数矩阵的概念，采用共享最近邻相似度（SNN）的思想来生

成相似性计数矩阵，寻找每条序列在每一层次上的 k 个最近邻，将累积计数写入相似性计数矩阵。在聚类算法过程中，通过相似性计数矩阵来寻找当前聚类的 k 个中心点序列。

（3）借鉴关联规则中支持度计数的思想，定义了相似性的支持度系数，通过支持度系数对相似性计数矩阵进行过滤。

二、基于 IHDTW 的聚类算法的具体描述

定义 6.1（相似性计数矩阵）：相似性计数矩阵 V 是一个 $n \times n$ 的矩阵，n 是参与聚类的时间序列的条数。矩阵的元素 $V(i, j)$ 表示第 i 条时间序列和第 j 条时间序列的相似性程度，$V(i, j)$ 的值越大表示两条时间序列的相似性越强。

设有时间序列集合 $S = \{S_1, S_2, \cdots, S_n\}$，聚类的数目设为 k，则具体的聚类过程如下：

（1）使用 IHDTW 算法计算每两条时间序列在每一对应分段层次上的相似度，第 i 条时间序列 S_i 和第 j 条时间序列 S_j 在第 l 个对应分段层次上的相似度记为 $Similarity_{(l)}(S_i, S_j)$，其中 l 为整数且 $1 \leqslant l \leqslant L$。

（2）生成时间序列集合 S 的相似性计数矩阵 V，具体步骤如下：

1）初始化相似性计数矩阵 V，$V(i, j) = 0$；

2）寻找每一条时间序列 S_i 在每一个对应分段层次 l 上与其相似度最大的 k 条时间序列，记为 $\{S_{jl1}, S_{jl2}, \cdots, S_{jlk}\}$，并从第 1 个对应分段层次到第 L 个对应分段层次，依次将矩阵 V 的元素 $V(i, j_{l1})$ 递增 1，全部递增完毕后形成初始的相似性计数矩阵 V；

3）设相似性的支持度系数为 β，则相似性的支持度计数为 $L \times \beta$，若初始的相似性计数矩阵 V 中 $V(i, j) < L \times \beta$，则将 $V(i, j)$ 置为 0。

（3）依次扫描相似性计数矩阵 V 的每一行，计算每行元素的总和，取总和最大的前 k 行对应的时间序列作为聚类的初始中心点。

（4）设 k 个中心点时间序列为 $\{S_{j_1}, S_{j_1}, \cdots, S_{j_k}\}$，剩余的 $(n-k)$ 条时间序列为 $\{S_{i_1}, S_{i_2}, \cdots, S_{i_{(n-k)}}\}$，将剩余的 $(n-k)$ 条时间序列按照以下规则分配到 k 个中心点时间序列：

1）扫描 S_{i_1} 所在的行，比较 $V(i_1, j_1)$，$V(i_1, j_2)$，$\cdots$，$V(i_1, j_k)$，若 $V(i_1, j_f)$ $(1 \leqslant f \leqslant k)$ 最大，则将时间序列 S_{i_1} 分配给聚类中心点 S_{j_f}；

2）扫描 S_{i_2} 所在的行，比较 $V(i_2, j_1)$，$V(i_2, j_2)$，$\cdots$，$V(i_2, j_k)$ 若 $V(i_2, j_f)$ $(1 \leqslant f \leqslant k)$ 最大，则将时间序列 S_{i_2} 分配给聚类中心点 S_{j_f}；

3）以此类推，一直扫描到第 $S_{i_{(n-k)}}$ 条序列所在行。

（5）对步骤（4）得到的每个聚类重新计算新的聚类中心点，设有聚类 $C = \{S_{j_1}, S_{j_2}, \cdots, S_{j_m}\}$，其中，$j_1 \cdots j_m$ 是聚类中时间序列的对应编号，不一定是连续的，则按照以下规则计算新的聚类中心点：

1）扫描 S_{j_1} 所在的行，对 $V(j_1, j_2)$，$V(j_1, j_3)$，$\cdots$，$V(j_1, j_m)$ 求和得到 $Sum\_$

S_{j_1}；

2）扫描 S_{j_2} 所在的行，对 $V(j_2, j_1)$，$V(j_2, j_3)$，…，$V(j_2, j_m)$ 求和得到 $Sum\_S_{j_2}$；

3）以此类推，一直扫描到 S_{j_m}，得到 $Sum\_S_{j_m}$；

4）比较 $Sum\_S_{j_1}$，$Sum\_S_{j_2}$，…，$Sum\_S_{j_m}$，取最大值对应的时间序列作为新的聚类中心点。

（6）得到新的聚类中心点后，执行步骤（4），得到新的聚类结果。

（7）得到新的聚类结果后，执行步骤（5），计算新的聚类中心点。

（8）按照以上步骤循环，直到聚类中心点不再发生改变为止。

下面，使用一个示例来说明相似性计数矩阵的构建过程。示例中的时间序列集合 $S=\{S_1, S_2, \cdots, S_9\}$，具体数据见附录1。使用IHDTW算法计算序列两两之间在每一个对应分段层次上的相似度，层次参数设置为5，具体的相似度数据见附录1。构建相似性计数矩阵 V 的过程如下：

（1）初始化相似性计数矩阵 V，$V(i, j)=0$，得到矩阵如表6-1所示。

表6-1 初始化相似性计数矩阵

时间序列	S_1	S_2	S_3	S_4	S_5	S_6	S_7	S_8	S_9
S_1	0	0	0	0	0	0	0	0	0
S_2	0	0	0	0	0	0	0	0	0
S_3	0	0	0	0	0	0	0	0	0
S_4	0	0	0	0	0	0	0	0	0
S_5	0	0	0	0	0	0	0	0	0
S_6	0	0	0	0	0	0	0	0	0
S_7	0	0	0	0	0	0	0	0	0
S_8	0	0	0	0	0	0	0	0	0
S_9	0	0	0	0	0	0	0	0	0

（2）寻找每一条时间序列 S_i 在每一个对应分段层次 l 上与其相似度最大的 k 条时间序列，设置 $L=4$，$k=3$ 结果如下：

第1条时间序列 S_1：第1层：$\{S_3, S_4, S_7\}$；第2层：$\{S_3, S_4, S_7\}$；第3层：$\{S_3, S_4, S_7\}$；第4层：$\{S_4, S_7, S_8\}$；第5层：$\{S_2, S_7, S_8\}$。更新相似性计数矩阵 V 的第1行如表6-2所示。

第2条时间序列 S_2：第1层：$\{S_3, S_7, S_9\}$；第2层：$\{S_3, S_7, S_9\}$；第3层：$\{S_7, S_8, S_9\}$；第4层：$\{S_7, S_8, S_9\}$；第5层：$\{S_7, S_8, S_9\}$。更新相似性计数矩阵 V 的第2行如表6-3所示。

表 6-2　更新相似性计数矩阵 V 的第 1 行

时间序列	S_1	S_2	S_3	S_4	S_5	S_6	S_7	S_8	S_9
S_1	0	1	3	4	0	0	5	2	0

表 6-3　更新相似性计数矩阵 V 的第 2 行

时间序列	S_1	S_2	S_3	S_4	S_5	S_6	S_7	S_8	S_9
S_2	0	0	2	0	0	0	5	3	5

第 3 条时间序列 S_3：第 1 层：$\{S_1, S_2, S_6\}$；第 2 层：$\{S_1, S_2, S_9\}$；第 3 层：$\{S_1, S_2, S_8\}$；第 4 层：$\{S_2, S_6, S_7\}$；第 5 层：$\{S_7, S_8, S_9\}$。更新相似性计数矩阵 V 的第 3 行如表 6-4 所示。

表 6-4　更新相似性计数矩阵 V 的第 3 行

时间序列	S_1	S_2	S_3	S_4	S_5	S_6	S_7	S_8	S_9
S_3	3	4	0	0	0	2	2	2	2

第 4 条时间序列 S_4：第 1 层：$\{S_1, S_5, S_7\}$；第 2 层：$\{S_1, S_5, S_7\}$；第 3 层：$\{S_1, S_5, S_7\}$；第 4 层：$\{S_5, S_7, S_8\}$；第 5 层：$\{S_2, S_7, S_9\}$。更新相似性计数矩阵 V 的第 4 行如表 6-5 所示。

表 6-5　更新相似性计数矩阵 V 的第 4 行

时间序列	S_1	S_2	S_3	S_4	S_5	S_6	S_7	S_8	S_9
S_4	3	1	0	0	4	0	5	1	1

第 5 条时间序列 S_5：第 1 层：$\{S_3, S_4, S_6\}$；第 2 层：$\{S_3, S_4, S_6\}$；第 3 层：$\{S_3, S_4, S_6\}$；第 4 层：$\{S_4, S_6, S_7\}$；第 5 层：$\{S_7, S_8, S_9\}$。更新相似性计数矩阵 V 的第 5 行如表 6-6 所示。

表 6-6　更新相似性计数矩阵 V 的第 5 行

时间序列	S_1	S_2	S_3	S_4	S_5	S_6	S_7	S_8	S_9
S_5	2	0	3	4	0	4	2	1	1

第 6 条时间序列 S_6：第 1 层：$\{S_3, S_4, S_5\}$；第 2 层：$\{S_3, S_4, S_5\}$；第 3 层：$\{S_1, S_3, S_4\}$；第 4 层：$\{S_1, S_3, S_4\}$；第 5 层：$\{S_7, S_8, S_9\}$。更新相似性计数矩阵 V 的第 6 行如表 6-7 所示。

表 6－7　更新相似性计数矩阵 V 的第 6 行

时间序列	S_1	S_2	S_3	S_4	S_5	S_6	S_7	S_8	S_9
S_6	2	0	4	4	2	0	1	1	1

第 7 条时间序列 S_7：第 1 层：$\{S_2, S_4, S_9\}$；第 2 层：$\{S_2, S_4, S_9\}$；第 3 层：$\{S_2, S_4, S_8\}$；第 4 层：$\{S_4, S_8, S_9\}$}；第 5 层：$\{S_2, S_8, S_9\}$。更新相似性计数矩阵 V 的第 7 行如表 6－8 所示。

表 6－8　更新相似性计数矩阵 V 的第 7 行

时间序列	S_1	S_2	S_3	S_4	S_5	S_6	S_7	S_8	S_9
S_7	0	4	0	4	0	0	0	3	4

第 8 条时间序列 S_8：第 1 层：$\{S_3, S_4, S_9\}$；第 2 层：$\{S_3, S_4, S_9\}$；第 3 层：$\{S_2, S_7, S_9\}$；第 4 层：$\{S_2, S_7, S_9\}$；第 5 层：$\{S_2, S_7, S_9\}$。更新相似性计数矩阵 V 的第 8 行如表 6－9 所示。

表 6－9　更新相似性计数矩阵 V 的第 8 行

时间序列	S_1	S_2	S_3	S_4	S_5	S_6	S_7	S_8	S_9
S_8	0	3	2	2	0	0	3	0	5

第 9 条时间序列 S_9：第 1 层：$\{S_2, S_3, S_8\}$；第 2 层：$\{S_2, S_3, S_4\}$；第 3 层：$\{S_2, S_4, S_8\}$；第 4 层：$\{S_2, S_7, S_8\}$；第 5 层：$\{S_2, S_4, S_7\}$。更新相似性计数矩阵 V 的第 9 行如表 6－10 所示。

表 6－10　更新相似性计数矩阵 V 的第 9 行

时间序列	S_1	S_2	S_3	S_4	S_5	S_6	S_7	S_8	S_9
S_9	0	5	2	3	0	0	2	3	0

（3）综合得到全部更新后的初始的相似性计数矩阵 V 如表 6－11 所示。

（4）设相似性的支持度计数为 2，则将 $V(i, j) < 2$ 的元素置为 0，更新后得到最终的相似性支持计数矩阵如表 6－12 所示。

表 6-11　全部更新后的相似性计数矩阵 V

时间序列	S_1	S_2	S_3	S_4	S_5	S_6	S_7	S_8	S_9
S_1	0	1	3	4	0	0	5	2	0
S_2	0	0	2	0	0	0	5	3	5
S_3	3	4	0	0	0	2	2	2	2
S_4	3	1	0	0	4	0	5	1	1
S_5	2	0	3	4	0	4	2	1	1
S_6	2	0	4	4	2	0	1	1	1
S_7	0	4	0	4	0	0	0	3	4
S_8	0	3	2	2	0	0	3	0	5
S_9	0	5	2	3	0	0	2	3	0

表 6-12　最终的相似性支持计数矩阵 V

时间序列	S_1	S_2	S_3	S_4	S_5	S_6	S_7	S_8	S_9
S_1	0	0	3	4	0	0	5	2	0
S_2	0	0	2	0	0	0	5	3	5
S_3	3	4	0	0	0	2	2	2	2
S_4	3	0	0	0	4	0	5	0	0
S_5	2	0	3	4	0	4	2	0	0
S_6	2	0	4	4	2	0	0	0	0
S_7	0	4	0	4	0	0	0	3	4
S_8	0	3	2	2	0	0	3	0	5
S_9	0	5	2	3	0	0	2	3	0

三、基于 IHDTW 的聚类算法的实验分析与评价

1. 实验框架

（1）数据集。

使用数据集 4-1 和数据集 4-2，数据集的具体描述参见本书第四章第二节。

（2）实验方案。

实验一：使用基于 IHDTW 的聚类算法对数据集 4-1 进行聚类计算，并与本书第四章第三节的实验结果进行比较。

实验二：使用基于 IHDTW 的聚类算法对数据集 4-2 进行聚类计算，并与本书第四

章第三节的实验结果进行比较。

2．实验结果分析

（1）实验一的结果分析。

图6－6展示了本节算法和本书第四章第三节实验中的聚类算法在数据集4－1中每一层次上得到的平均聚类精度的比较，从图中可以看到，本节算法的平均聚类精度是随着层次的增多而不断增加的。而且，与本书第四章第三节的算法相比，本节算法在大部分情况下都能得到更高的平均聚类精度。另外，图6－7展示了两种算法在数据集4－1中的总平均聚类精度的比较，从图4－7中也可以发现本节算法得到的聚类效果优于本书第四章第三节的算法。

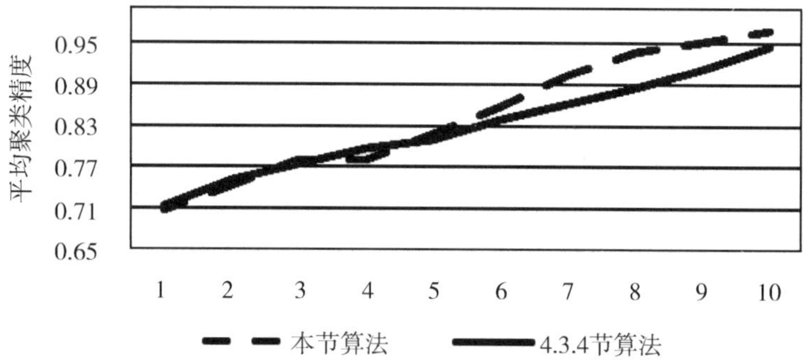

图6－6　两种算法在数据集4－1中每一层次的平均聚类精度的比较

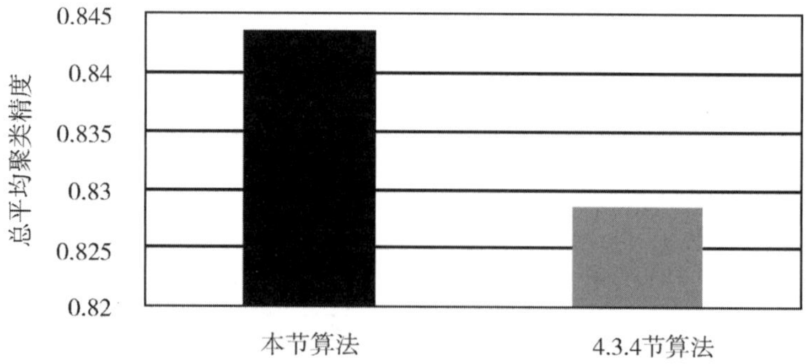

图6－7　两种算法在数据集4－1中的总平均聚类精度的比较

（2）实验二的结果分析。

图6－8展示了本节算法和本书第四章第三节实验中的聚类算法在数据集4－2中每一层次上得到的平均聚类精度的比较，从图6－8中可以看到，本节算法的平均聚类精度是随着层次的增多而不断增加的。而且，与本书第四章第三节的算法相比，本节算法在大部分情况下都能得到更高的平均聚类精度。另外，图6－9展示了两种算法在数据集4－2中的总平均聚类精度的比较，从图6－8中也可以发现本节算法得到的聚类效果是优于本书第四章第三节的算法的。

本书第四章第三节的实验中采用的聚类算法与本节的聚类算法的区别在于k个聚类

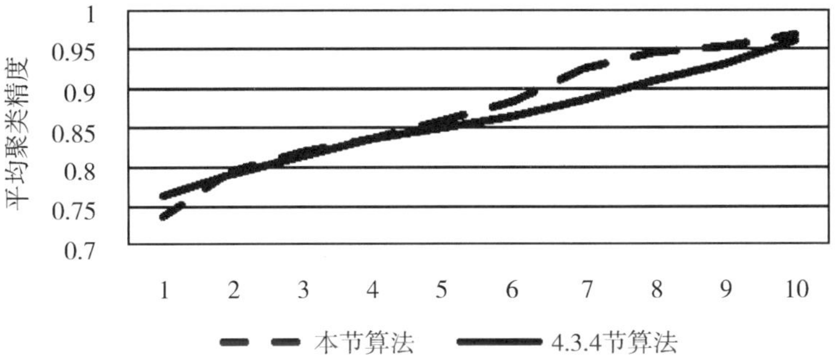

图6－8　两种算法在数据集4－2中每一层次的平均聚类精度的比较

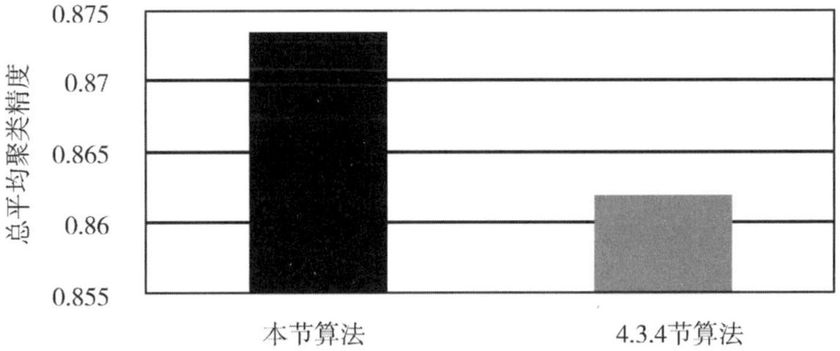

图6－9　两种算法在数据集4－2中的总平均聚类精度的比较

中心序列的选取过程不同。实验一和实验二的结果证明本节提出的采用共享最近邻相似度建立相似性计数矩阵来寻找 k 个聚类中心序列的聚类算法是更加有效的。

第三节　基于事件相似性度量的层次聚类

一、基于 SMBE 的层次聚类算法的具体描述

定义6－2（时间序列的相似性系数）：设有两条时间序列 $S\{s_1, s_2, \cdots, s_m\}$和 $R\{r_1, r_2, \cdots, r_n\}$，其相似性系数定义如公式（6－1）所示。

$$SC_{(S,R)} = \frac{Simi\ (S,\ R)}{\mu} \tag{6-1}$$

（1）$Simi\ (S,\ R)$ 表示使用基于事件的时间序列相似性度量方法得到的 S 和 R 之间的相似度。

（2）μ 是用户定义的参数。

（3）$SC_{(S,R)}$ 的取值范围是（0，∞），它定义了时间序列 S 和 R 之间的相似性程度，$SC_{(S,R)}$ 越大，S 和 R 越相似。

定义6-3（类间相似度）：设有两个类 A 和 B，其中 $A=\{A_1, A_2, \cdots, A_m\}$，$B=\{B_1, B_2, \cdots, B_n\}$。$A_i$（$1\leqslant i\leqslant m$）是类 A 中的时间序列，m 是类 A 中时间序列的数目，B_j（$1\leqslant j\leqslant n$）是类 B 中的时间序列，n 是类 B 中时间序列的数目。那么，类 A 和类 B 的类间相似度定义如公式（6-2）所示。

$$SimiD(A, B)=\frac{\sum_i\sum_j SC_{(A_i, B_j)}}{m\times n} \quad (6-2)$$

定义6-4（类间一般距离）：设有两个类 A 和 B，其中 $A=\{A_1, A_2, \cdots, A_m\}$，$B=\{B_1, B_2, \cdots, B_n\}$。$A_i$（$1\leqslant i\leqslant m$）是类 A 中的时间序列，m 是类 A 中时间序列的数目，B_j（$1\leqslant j\leqslant n$）是类 B 中的时间序列，n 是类 B 中时间序列的数目。那么，类 A 和类 B 的类间一般距离可定义为以下两种：

（1）$GenD(A, B)=\mathrm{MAX}[Simi(A_i, B_j)]$。

（2）$GenD(A, B)=\mathrm{MIN}[Simi(A_i, B_j)]$。

在层次聚类算法中，最关键的是设计每一层的类间合并过程，即找到类间距离最小的两个簇，并将它们合并为一类。本节提出的层次聚类算法将使用类间相似度和类间一般距离同时作为类间合并的依据，提高了聚类的准确性。

定义6-5（类间距离）：类 A 和类 B 的类间距离 $CDis\tan ce(A, B)$ 由类间相似度 $SimiD(A, B)$ 和类间一般距离 $GenD(A, B)$ 共同决定，本算法中定义的类间距离是一个比较距离，没有确定的值。

设有4个不同的簇 A，B，C 和 D，它们的类间距离比较及合并的基本原则如下：

（1）若 $SimiD(A, B)<SimiD(C, D)$ 且 $GenD(A, B)\geqslant GenD(C, D)$，则 $CDis\tan ce(A, B)>CDis\tan ce(C, D)$ 合并 C 和 D。

（2）若 $SimiD(A, B)>SimiD(C, D)$ 且 $GenD(A, B)\leqslant GenD(C, D)$，则 $CDis\tan ce(A, B)<CDis\tan ce(C, D)$，合并 A 和 B。

（3）若 $SimiD(A, B)<SimiD(C, D)$ 且 $GenD(A, B)\leqslant GenD(C, D)$，或者 $SimiD(A, B)>SimiD(C, D)$ 且 $GenD(A, B)\geqslant GenD(C, D)$ 时，

1）若 $\frac{SimiD(A, B)}{GenD(A, B)}>\frac{SimiD(C, D)}{GenD(C, D)}$，则 $CDis\tan ce(A, B)<CDis\tan ce(C, D)$，合并 A 和 B；

2）若 $\frac{SimiD(A, B)}{GenD(A, B)}=\frac{SimiD(C, D)}{GenD(C, D)}$，则 $CDis\tan ce(A, B)=CDis\tan ce(C, D)$，合并 A 和 B 或者 C 和 D；

3）若 $\frac{SimiD(A, B)}{GenD(A, B)}<\frac{SimiD(C, D)}{GenD(C, D)}$，则 $CDis\tan ce(A, B)>CDis\tan ce(C, D)$，合并 C 和 D；

（4）若 $SimiD(A, B)=SimiD(C, D)$ 且 $GenD(A, B)=GenD(C, D)$，则 $CDis\tan ce(A, B)=CDis\tan ce(C, D)$，合并 A 和 B 或者 C 和 D。

设时间序列集合 $Q=\{Q_1, Q_2, \cdots, Q_n\}$，聚类的个数设为 k，则具体的聚类算法如下。

（1）初始化聚类集合 $C=\{C_1, C_2, \cdots, C_n\}$，其中 $C_i=\{Q_i\}$，即每个时间序列为一类。

（2）计算类的两两之间的 *SimiD* 和 *GenD*，合并 *CDis* tan *ce* 最小的两个类。

（3）更新聚类集合 $C=\{C_1, C_2, \cdots, C_{(n-1)}\}$。

（4）继续循环执行步骤（2）和步骤（3）；

（5）直到聚类集合 $C=\{C_1, C_2, \cdots, C_k\}$，即聚类为 k 个集合。

二、基于 SMBE 的层次聚类算法的实验分析与评价

1. 实验框架

（1）数据集。

数据集 6－1：（Synthetic Control Chart Time Series，SCCTS 网络公开的测试集），是专门用于时间序列聚类的算法测试。SCCTS 共有 600 条测试数据，分别属于 6 个不同的类别。从 SCCTS 中抽取 10 组数据，每组数据包含 50 条时间序列，分别属于 5 个不同的类别，每个类别 10 条。

（2）实验方案。

对于每一组测试数据集分别使用欧式距离（ED）、动态时间弯曲（DTW）和 SMBE 算法进行聚类计算，并计算相应的聚类精度。采用凝聚的层次聚类来实现欧式距离（ED）和动态时间弯曲（DTW）的聚类实验。设第 i 组测试集使用第 j 种方法得到的聚类精度为 c_{ij}，则第 i 种方法的综合聚类精度为 $\sum_{i=1}^{n} c_{ij}$。本实验将采用综合聚类精度对 3 种方法的准确性进行比较。

2. 实验结果分析与评价

SMBE 算法中参数 α 和 β 的设置直接影响了聚类的结果。对于参数 α 的设置可参照以下方法：将参数 α 的值限定在某一区间范围内，然后根据聚类精度的结果来确定最好的参数 α。

设有序列集 $S\{S_1, S_2, \cdots, S_n\}$，序列 S_i 的序列均值为 μ_i，则可得到参数 α 的参考变量如公式（6－3）所示。

$$\tilde{\alpha}=\frac{\sum_{i=1}^{n}\sum_{j=1}^{n}|\mu_i-\mu_j|}{(n-1)^2} \tag{6-3}$$

参数 α 的区间范围可按公式（6－4）界定如下：

$$\begin{cases}[(\tilde{\alpha}-0.03), (\tilde{\alpha}+0.03)] & \tilde{\alpha}-0.03\geqslant 0\\ [0, (\tilde{\alpha}+0.03)] & \tilde{\alpha}-0.03<0\end{cases} \tag{6-4}$$

图 6－10 展示了聚类精度随参数 α 和参数 β 变化的曲线图。横轴是参数 β 的变化范围，取值为 0 到 0.4，参数 α 的取值为 0.05～0.09，纵轴表示了聚类结果的精度值。从图 6－10 中可以看到，聚类精度随着参数 β 的增加而增加，直到取值接近 0.3 时开始逐渐下降。另外，当参数 α 取值为 0.08 时，几乎在任意的参数 β 取值上都具有最好的聚

类结果。因此，在本次实验中，SMBE 算法的参数设置为 $\alpha=0.08$，$\beta=0.3$。

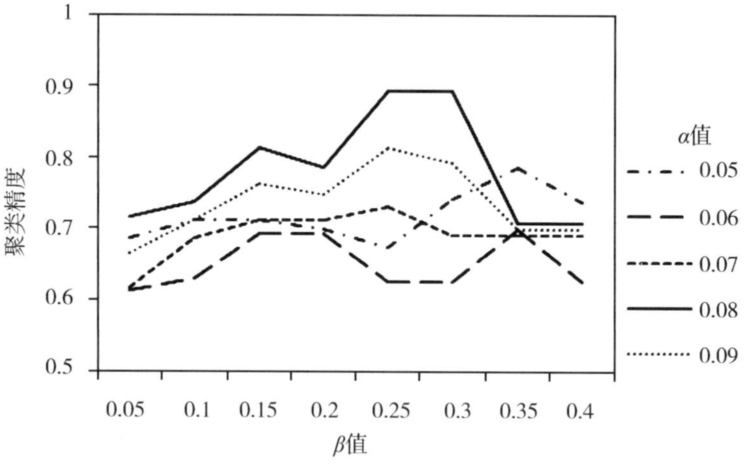

图 6－10　聚类精度随 α 和 β 变化的曲线

图 6－11 展示了欧式距离（ED），动态时间弯曲（DTW）和 SMBE 方法的聚类精度结果。从图 6－11 中可以看到，基于 SMBE 的聚类具有较好的聚类结果。

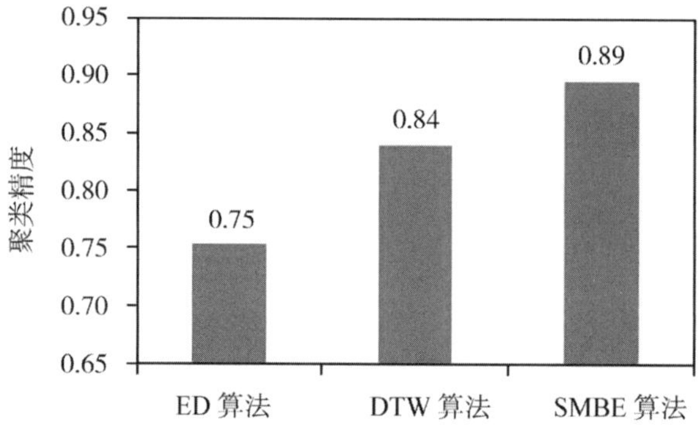

图 6－11　几种方法的聚类精度比较

第四节　基于形态特征的数据流聚类

近年来，针对实时数据流的数据挖掘和知识发现已成为数据挖掘领域的一个研究热点，数据流聚类也引发了大量的研究。在数据流上进行聚类的基本任务就是要在对当前数据进行聚类的同时，随着新数据的不断流入，动态地调整和更新聚类的结果以真实反映数据流的聚类形态。但是，已有的数据流聚类的方法多数是通用型的，很少有专门针对某一类数据流进行聚类的研究。然而，不同类别的数据流具有不同的特征，进行聚类挖掘时的关注点也有所不同。例如，金融领域的数据与其他数据相比更重要的是需要捕捉数据流的形状与趋势特征。因此，在数据流聚类算法的概要数据结构设计、数据倾斜技术以及聚类方法的采用上会存在差异。本节提出了一种基于形态特征的数据流聚类方法，在聚类过程中主要捕捉并跟踪数据的重要形态与趋势特征。

一、基于形态特征的数据流聚类算法的主要思想

本节提出的基于形态特征的数据流聚类算法可分为3个部分：初始化阶段，在线更新阶段和用户触发的聚类阶段。初始化阶段产生初始的 k 个特征子序列，每个特征子序列由若干特征点构成；在线更新阶段负责随着新的数据流的到来对 k 个特征子序列进行维护，保证 k 个特征子序列表现的是最新且准确的数据流特征；用户触发的聚类阶段是使用 k 个特征子序列来进行任意时刻的聚类，并且对聚类的演化过程进行跟踪与表现。本算法的主要思想如下：

（1）将数据流聚类分为在线的特征数据结构更新与离线的用户触发聚类两个阶段。在线的特征数据结构更新阶段保留最新的 k 个特征数据，并随着新的数据子序列的到来不断进行更新。另外，用户可在任意阶段通过离线的用户触发聚类阶段来计算当前的聚类结果，并且可通过在不同阶段的聚类结果来观察数据流的聚类演化过程。

（2）注重捕捉数据流的形状与趋势特征，在特征数据结构中通过保留重要的特征点来表示数据流信息。

（3）在线更新阶段采用动态滑动窗口设计保证了多条数据流中数据的同步，并且采用PDTW算法计算子序列间的距离，该方法适用于不等长序列之间的距离计算，且具有较高的运算效率。

二、初始化阶段

（1）将原始序列 $R\{r_1, r_2, \cdots, r_n\}$分为 k 段，表示为 $R\{r_1, r_2, \cdots, r_k\}$。步骤如下：

1）将原始序列的首尾两端点作为参照点，将到参照点距离最大的点作为分段点，序列被分为两段；

2）将长度最大的子序列的首尾两端点作为参照点，将到参照点距离最大的点作为分段点，序列被分为3段；

3）重复执行步骤②直到序列被分为 k 段。

（2）从 R_i（$1\leqslant i\leqslant k$）中提取 m_i 个特征点，构建 R_i（$1\leqslant i\leqslant k$）的特征向量 FPV_i $\{p_1, t_1, p_2, t_2, \cdots, p_{m_i}, t_{m_i}, \mu\}$。$p_J$（$1\leqslant j\leqslant m_i$）表示提取出的特征点，$t_j$（$1\leqslant j\leqslant m_i$）是对应的时间标记，$\mu$ 是分段 R_i 的均值，$m_i - length(R_i) \times c$，$c$ 为定义的压缩率。步骤如下：

1）将 R_i 的首端点作为第一个特征点 p_1，将 R_i 的末端点作为第二个特征点 p_2；

2）将到 p_1p_2 距离最大的点作为第三个特征点 p_3；

3）在相邻两特征点构成的分段 p_1p_3 和 p_3p_2 中分别寻找距离最大的点，并选择距离较大的点作为第四个特征点 p_4；

4）以此类推，直到找到 m_i 个特征点为止。

初始化过程中采用垂线距离进行距离的度量，如公式（3－7）所示，并且通过实验证明了垂线距离的效果是最好的。

三、在线更新阶段

当长度为 l 的子序列 L 到达时进行更新过程，具体步骤如下，对应的更新过程的流程图如图 6－12 所示。

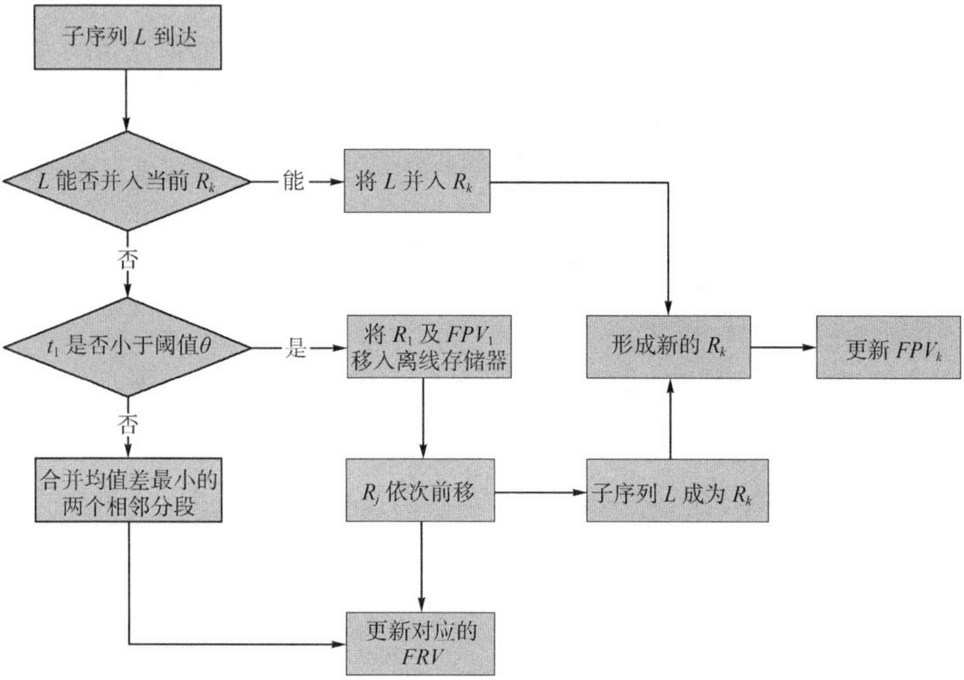

图 6－12 更新过程的流程

（1）当子序列 L 到达时，判断 L 能否并入当前的 R_k，如果能，则将 L 并入当前的 R_k，形成新的 R_k，同时更新对应的 FPV_k。

（2）如果 L 不能并入当前的 R_k，则判断 R_1 是否能被移出当前时间窗口。若 $t_1 < \theta$，则将 R_1 及其 FPV_1 移入离线存储器，R_j（$2 \leqslant j \leqslant k$）依次前移，子序列 L 成为 R_k，更新对应的 FPV_j（$1 \leqslant j \leqslant k$）。

（3）若 $t_1 \geqslant \theta$，即 R_1 不能被移出当前时间窗口，则合并均值差最小的两个相邻分段。

对如何判断子序列 L 能否并入当前 R_k 和阈值 θ 的设置说明如下：

（1）如何判断子序列 L 能否并入当前 R_k。

设子序列 L 并入 R_k 后形成序列 R'_k，$D(R_k, R'_k)$ 表示 R_k 和 R'_k 之间的距离。如果 $D(R_k, R'_k) \geqslant v$，则子序列 L 不能并入当前 R_k，否则，可以并入。

（2）阈值 θ 的设置。

设参与聚类的数据流为 S_1，S_2，…，S_n，共 n 条数据流，t_i 表示第 i 条数据流 S_i 中第一个分段的第一个时间标识，t 为当前时间标识，则：

$$\theta = t - W，\text{其中 } W = \frac{\sum_i (t - t_i)}{n},$$

阈值 θ 的设置是随着数据流的变化不断更新的，这种动态的滑动窗口设计保证了多条数据流中数据的同步。子序列之间的距离 D（R_k，R'_k）采用 PDTW 算法进行计算，记为 $Simi$（R_k，R'_k）。

四、用户触发的聚类

在任意时间都可以通过聚类过程得到当前时间窗口的数据流聚类结果，每条数据流都保留了最新的 k 个分段的特征数据。

定义 6－6（数据流之间的距离）：设有 S 和 R 两条数据流，S 在当前时间窗口的 k 个分段表示为 $\{S_1, S_2, \cdots, S_k\}$，$R$ 在当前时间窗口的 k 个分段表示为 $\{R_1, R_2, \cdots, R_k\}$。若 D（S_i，R_i）表示分段 S_i 和分段 R_i 之间的距离，使用 PDTW 算法进行计算，记为 $Simi$（S_i，R_i），则数据流 S 和 R 在当前时间窗口的距离如公式（6－5）所示。

$$Distance(S, R) = \frac{\sum_i Simi(S_i, R_i)}{k} \tag{6-5}$$

设有数据流集合 $S\{S_1, S_2, \cdots, S_n\}$，$n$ 表示数据流的条数，数据流之间距离的计算参见定义 6－6。设聚类的数目为 k，则具体的聚类过程如下：

（1）随机找出 k 条数据流作为初始的 k 个聚类中心点。

（2）分别计算剩余的（$n-k$）条数据流与 k 个中心点数据流的距离，把每一条数据流分配给与它距离最近的中心点数据流，得到 k 个聚类结果。

（3）对每一个聚类重新计算中心点数据流，取每一类中与其他数据流的平均距离最小的那一条数据流为最新的聚类中心点。

（4）对于新的 k 个聚类中心点数据流重复执行步骤（2），得到新的 k 个聚类结果。

（5）对于新的 k 个聚类结果重复执行步骤（3），得到新的聚类中心点数据流。

（6）以上过程重复执行，直到 k 个聚类的中心点数据流不再发生变化为止。

五、实验分析与评价

1. 实验框架

（1）数据集。

数据集 6－2：测试数据集 SCCTS（Synthetic Control Chart Time Series）是网络公开的测试集，专门用于时间序列聚类的算法测试。SCCTS 共有 600 条测试数据，分别属于 6 个不同的类别。先从 600 条数据中抽取 29 条时间序列，它们分别来自于 3 个不同的类别，其中，1～10来源于类别1，11～20来源于类别2，21～29来源于类别3。然后，按照以下规则构建第30条时间序列，它的第1～20个点的数据与类别1相似，第21～40个点的数据与类别2相似，第41～60个点的数据与类别3相似。这30条时间序列构成数据集6－2。

数据集6－3：中国沪深A股交易市场2007年1月至2007年4月的股票每日收盘价格构成的时间序列集，从中选取1只股票，名称和代码分别为：浦发银行（600000），中国国贸（600007），华夏银行（600015），民生银行（600016），中信证券（600030），招商银行（600036），保利地产（600048），九鼎投资（600053），浙江东日（600113），大龙地产（600159），创兴资源（600193），新湖中宝（600208），安信信托（600816），海通证券（600837）。

（2）实验方案。

实验一：使用数据集6－2。设初始时间序列的长度为15，每次到达5个新的数据点，共更新8次，跟踪第30条时间序列的聚类演化过程并评价其演化精度。分别使用本书提出的基于形态特征的数据流聚类算法和D－stream算法完成本实验。

实验二：使用数据集6－3。设初始时间序列的长度为20，每次到达5个新的数据点，共更新8次。跟踪并展示中信证券（600030）的聚类演化过程。

（3）聚类演化精度评价方法。

设30条时间序列分别属于3个已知类别 C_1，C_2，C_3。第30条时间序列正确的聚类演化过程为 $\{A_1, A_2, \cdots, A_i, \cdots, A_m\}$，$m$ 为更新次数，$A_i \in \{C_1, C_2, C_3\}$。第30条时间序列实际的聚类演化过程为 $\{B_1, B_2, \cdots, B_i, \cdots, B_m\}$，$m$ 为更新次数，$B_j \in \{C_1, C_2, C_3\}$，则聚类演化精度的计算参见公式（6－6），公式（6－7）和公式（6－8）。

$$\xi = \sum \delta(A_i, B_j) \times \omega_j \quad (1 \leqslant i, j \leqslant m, A_i \in \{C_1, C_2, C_3\}, B_j \in \{C_1, C_2, C_3\}) \tag{6-6}$$

$$\delta(A_i, B_j) = \begin{cases} 1 & A_i = B_j \\ 0 & A_i \neq B_j \end{cases} \tag{6-7}$$

$$\omega_j = \frac{\text{实际属于类别 } B_j \text{ 的时间序列条数}}{\text{实际第 } j \text{ 次更新中被跟踪时间序列所在类的时间序列条数}} \tag{6-8}$$

2. 实验结果分析

（1）参数设置。

本算法中压缩率 c 和聚类阈值 v 的设置直接影响了聚类演化的效果，本文主要讨论这两个参数的取值。图6－13展示了实验一中聚类演化精度 ξ 随压缩率 c 和聚类阈值 v 变化的曲线图。横轴是压缩率 c 的变化范围，c 取值为0.3～0.8，聚类阈值 v 的取值为0.01，0.03和0.05，纵轴表示了聚类演化精度值 ξ 的变化。从图6－13中可以看到，压缩率c取值在0.4～0.7时，聚类演化精度总体呈逐渐上升趋势，但在取值为0.3时聚类的演化结果最好，而在取值0.8时聚类演化的结果不太理想。另外，聚类阈值 v 取0.03时在各种压缩率上都有较好的结果。因此，在实验二中，参数的取值为 $c=0.3$ 和 $v=0.03$。

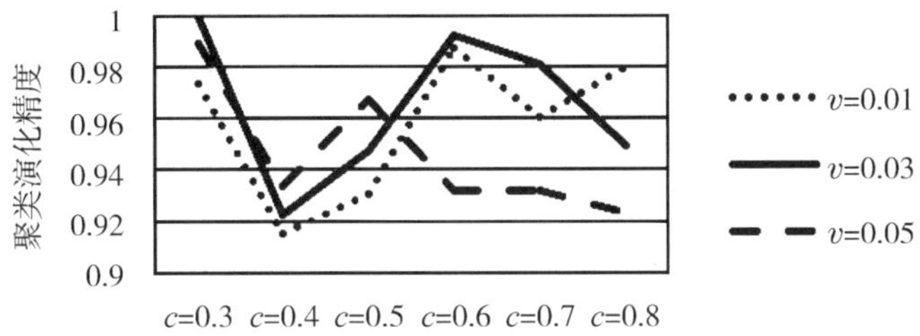

图 6－13　聚类演化精度随 c 和 v 变化的曲线

（2）与 D－stream 算法的比较。

图 6－14 展示了本节算法与 D－stream 算法在聚类演化精度和运算时间上的对比。在聚类阈值 v 取 0.01，0.03 和 0.05 时，本节算法都能获得比 D－stream 算法更好的聚类演化效果。而且，从运算时间上看，本节算法也具有较好的效果。

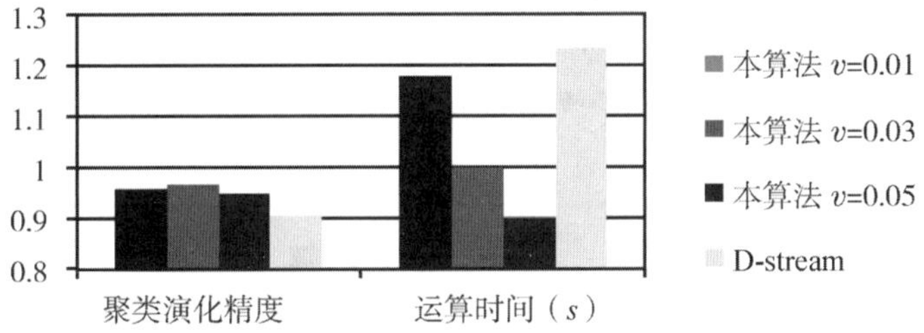

图 6－14　本节算法与 D－stream 算法的比较

（3）实际股票数据演化结果分析。

图 6－15 展示了第 5 条股票序列——中信证券（600030）聚类演化的结果。演化过程分为 5 个阶段，分别是初始阶段、演化 1 阶段、演化 2 阶段、演化 3 阶段和演化 4 阶段。初始阶段，第 5 条股票序列与第 1 条股票序列、第 6 条股票序列聚为一类，图 6－15（a）展示了它们的形态对比结果。演化 1 阶段，第 5 条股票序列与第 1 条、第 7 条股票序列聚为一类，图 6－15（b）展示了它们的形态对比结果。以此类推，图 6－15（c）展示了演化 2 阶段的结果，图 6－15（d）展示了演化 3 阶段的结果，图 6－15（e）展示了演化 4 阶段的结果。聚类演化的结果图充分展示了第 5 条股票序列的形态变化趋势，在更新的每一阶段都能与形态相似的股票序列聚在同一类中。

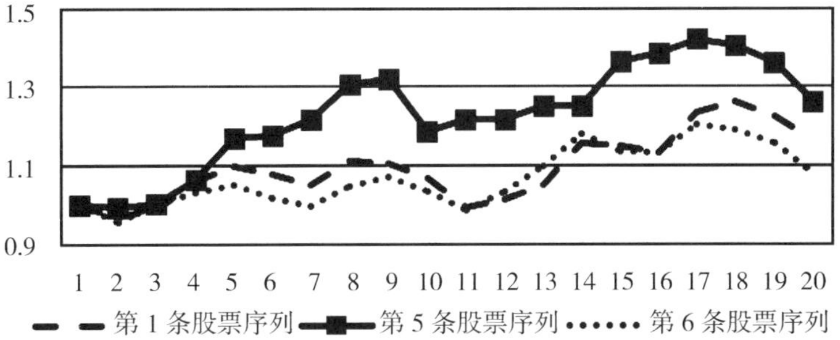

（a）

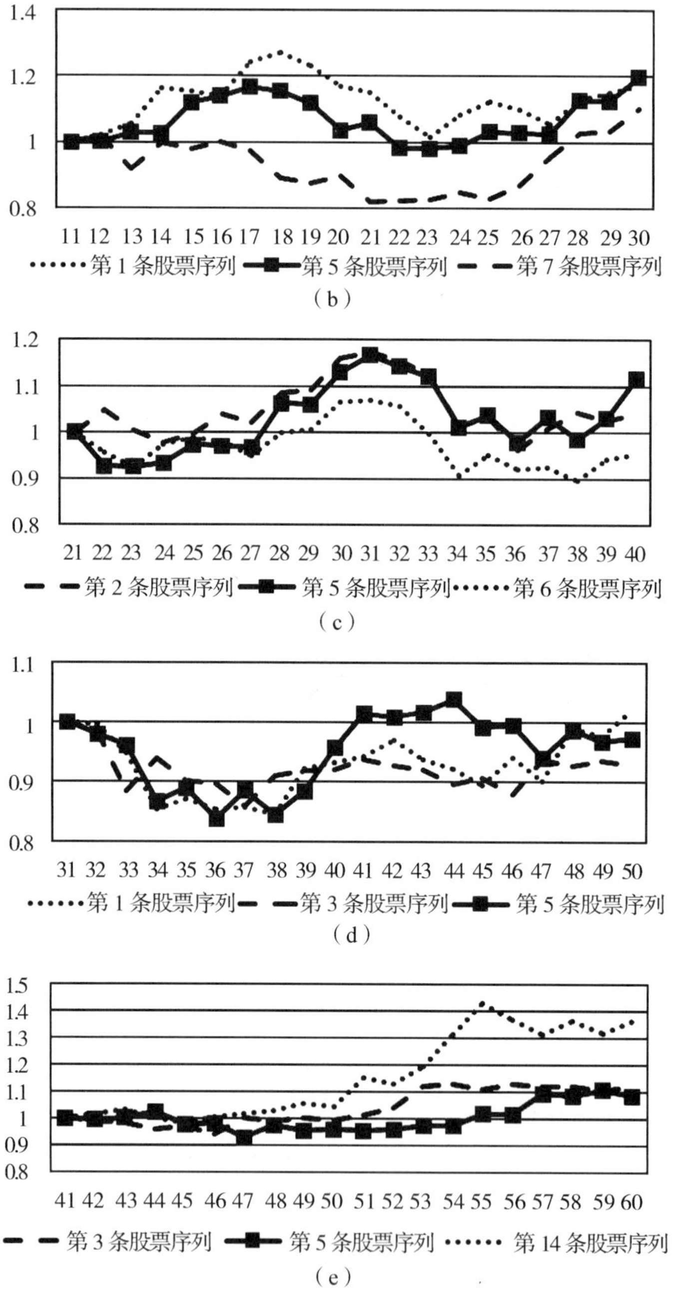

图 6-15　第 5 条股票序列——中信证券（600030）聚类演化过程

第五节　本章小结

本章提出了几种时间序列聚类的方法。首先，在第四章提出的改进的分层动态时间弯曲相似性度量算法（IHDTW）基础上提出了一种聚类方法，采用共享最近邻相似度（SNN）的思想构建序列间的相似性计数矩阵，利用相似性计数矩阵来寻找聚类中心序列，获得了较好的聚类效果。然后，在第四章提出的基于事件的相似性度量的方法（SMBE）基础上提出了一种层次聚类的方法，该方法专门针对满足用户需求的事件相似性进行聚类计算，采用类间相似度和类间一般距离两个参数的比较作为判断类间距离的依据，大大提升了聚类的效果。最后，提出了一种基于形态特征的多时间序列数据流的实时聚类算法，在数据概要设计中通过保留重要特征点的方式进行子序列特征信息的提取，在新的数据到来时采用动态滑动窗口设计保证了多条数据流之间的数据同步，该算法可以实现任意时刻的数据流聚类，并且能够实时追踪聚类结果的演化过程。

第七章 金融股票时间序列的预测

本书第五章介绍了金融时间序列的关联规则挖掘算法，在第六章介绍了金融时间序列的聚类分析算法，本章将综合运用这些方法对股票市场中的时间序列进行预测分析。

第一节 预测算法描述

一、股票时间序列的价格区间预测

采用在第六章介绍的基于 IHDTW 的聚类算法和第五章介绍的 O - Apriori 关联规则算法来进行股票时间序列的价格区间预测，可预测未来 3 个交易日内的价格区间。具体的步骤如下：

（1）使用基于 IHDTW 的聚类算法对股票时间序列集合中的所有序列进行聚类，将具有相似趋势的股票时间序列聚集在一起。

（2）根据需要选择进行预测的股票和预测的时间（1 个交易日，2 个交易日或者 3 个交易日），设选择的股票为 g_c，设置的预测交易日数为 d。

（3）选择 g_c 所在聚类中的所有股票时间序列使用 O - Apriori 算法进行关联规则挖掘，进行数据预处理时，滑动时间窗口的长度设置为（$d+1$）。

（4）通过 O - Apriori 算法得到所有与 g_c 有关的强关联规则，根据强关联规则预测 g_c 的价格区间。

二、股票时间序列的短期趋势预测

股票时间序列的短期趋势预测以 5 个交易日为一个单位，可以预测 5 个交易日、10 个交易日、15 个交易日……直到 60 个交易日的股票价格趋势。具体的步骤如下：

（1）选择需要预测的股票和预测的时间（以 5 个交易日为一个单位），设选择的股票为 g_c，设置的预测交易日数目为 d。

（2）使用基于形态特征数据流聚类的方法对股票时间序列集合中的所有序列进行聚类，根据预测的交易日数目 d 的不同，聚类过程中设置的参数有所不同，具体如下。

1）当 $5 \leqslant d \leqslant 20$ 时，初始序列的长度设为 40，更新的子序列长度 $l=5$，在线维护的特征子段的长度 $k=8$；

2）当 $20 < d \leqslant 40$ 时，初始序列的长度设为 80，更新的子序列长度 $l=5$，在线维护

的特征子段的长度 $k=16$；

3）当 $40<d\leqslant 60$ 时，初始序列的长度设为120，更新的子序列长度 $l=5$，在线维护的特征子段的长度 $k=24$。

（3）选择 g_c 所在聚类中的所有股票时间序列使用 SI－DARM 算法进行关联规则挖掘，挖掘区间的长度 $L=5+d$，区间与区间之间的间隔 $l=5$。使用 SI－DARM 算法可以得到与 g_c 有关的所有频繁项集及其对应的模式变化序列，设频繁项集中涉及与 g_c 有关的其他 m 个股票序列为$\{g_1, g_2, \cdots, g_m\}$。

（4）对 g_c 和$\{g_1, g_2, \cdots, g_m\}$进行分段和符号化，并使用 Markov 模型对其未来的走势进行预测，具体步骤如下（g_i 表示任一股票时间序列）：

1）对 g_i 均匀分段，每5个交易日为一段；

2）设分段的首尾两端点为 p_s 和 p_e，对分段进行符号化。若$\frac{p_e-p_s}{p_s}\geqslant 5\%$，则分段符号化为“3”；若 $3\%\geqslant\frac{p_e-p_s}{p_s}>5\%$，则分段符号化为“2”；若 $1\%>\frac{p_e-p_s}{p_s}>3\%$，则分段符号化为“1”；若 $-1\%\geqslant\frac{p_e-p_s}{p_s}\geqslant 1\%$，则分段符号化为“0”；若 $-1\%>\frac{p_e-p_s}{p_s}>-3\%$，则分段符号化为“－1”；若 $-3\%\geqslant\frac{p_e-p_s}{p_s}>-5\%$，则分段符号化为“－2”；若$\frac{p_e-p_s}{p_s}\leqslant -5\%$，则分段符号化为“－3”；

3）对符号化后的股票序列使用 Markov 模型生成 Markov 链的 k 步转移概率矩阵，根据转移概率矩阵预测股票序列未来的发展方向和趋势。

（5）使用 Markov 模型对步骤（3）中使用 SI－DARM 算法得到的频繁项集的模式变化趋势进行预测。

（6）使用步骤（4）中得到的$\{g_1, g_2, \cdots, g_m\}$的未来变化趋势和步骤（5）中得到的频繁项集的预测模式变化来预测 g_c 的变化趋势。

（7）结合步骤（4）中得到的 g_c 变化趋势和步骤（6）中得到的 g_c 变化趋势来综合预测 g_c 的未来发展趋势。

第二节　股票时间序列的预测实例

一、股票数据集

本实验采用中国沪深A股交易市场的股票数据集，沪深A股交易市场目前一共有1 896只股票，对这1 896只股票数据采用以下步骤进行预处理。

（1）选取2008年1月至2009年12月期间的每个交易日的股票收盘价格组成的时

间序列，两年共有 490 个交易日。

（2）选取两年期间的交易日数目大于 400 的股票数据，共筛选出1 432只股票。

（3）从1 432只股票中选取 2008 年 1 月以前上市的股票，共筛选出1 312只股票。

（4）从1 312只股票中选取连续空白交易日数目小于等于 5 个交易日的股票数据，共筛选出1 044只股票。

（5）对筛选出的1 044只股票中的空白交易日的数据进行填全，方法如下：

1）若连续空白交易日为 1 天，则采用此交易日前后两天收盘价的平均值作为此交易日的值；

2）若连续空白交易日为 2 天，则空白交易日的第 1 天的值等于此交易日前一个交易日的值，而空白交易日的第 2 天的值等于此交易日后一个交易日的值；

3）若连续空白交易日为 3 天，则空白交易日的第 1 天和第 3 天按照步骤②进行填全，而空白交易日的第 2 天的值等于第 1 个空白交易日和第 3 个空白交易日的填全值的平均值；

4）若连续空白交易日为 4 天，则空白交易日的第 1 天和第 2 天的值分别等于前两个交易日的值，而空白交易日的第 3 天和第 4 天的值分别等于后两个交易日的值；

5）若连续空白交易日为 5 天，则空白交易日的第 1 天和第 2 天的值分别等于前两个交易日的值，而空白交易日的第 4 天和第 5 天的值分别等于后两个交易日的值，空白交易日的第 3 天的值等于第 2 个空白交易日和第 4 个空白交易日的填全值的平均值。

二、股票时间序列价格的预测

本实验采用 2008 年 1 月到 2009 年 12 月期间的数据为基础来预测 2010 年 1 月的股票价格，具体过程如下：

（1）采用基于 IHDTW 的聚类算法进行聚类。对筛选出的1 044只股票采用基于 IHDTW 的聚类方法进行聚类计算，参数设置为：分层数 $h=10$，支持系数 $\beta=0.5$，聚类数目 $k=50$。通过聚类过程将相似的股票聚集在同一类当中。

（2）选择需要预测的股票和预测的交易日数。选择需要的预测的股票为承德露露（000848），预测的交易日为 1 天、2 天和 3 天。

（3）使用 O－Apriori 算法对承德露露（000848）所在聚类中的所有股票时间序列进行关联规则挖掘。

步骤（1）中的聚类过程得到了 50 个聚类，承德露露（000848）所在的聚类共有 22 只股票，其余 21 只股票的名称和代码为：世纪星源（000005），ST 烯碳（000511），创元科技（000551），太阳能（000591），东方电子（000682），罗牛山（000735），秦川机床（000837），山东威达（002026），三花智控（002050），莱宝高科（002106），东华科技（002140），三特索道（002159），万力达（002180），莲花健康（600186），江苏吴中（600200），大湖股份（600257），长春燃气（600333），士兰微（600460），菲达环保（600526），长电科技（600584），海立股份（600619）。

1）设预测的交易日为1天。

首先对22只股票数据进行预处理，滑动时间窗口的大小设置为2。然后使用O－Apriori算法进行关联规则挖掘，最小支持度设置为min_ sup＝0.1，最小置信度设置为min_ *conf*＝0.5。关联规则挖掘过程共得到强关联规则66条，与承德露露（000848）有关的强关联规则如下：

第0天“罗牛山（000735）”上涨（3%～5%）→第1天“承德露露（000848）”上涨（1%～3%）；

第0天“桐君阁（000591）”下跌（－1%～－3%）→第1天“承德露露（000848）”下跌（－3%～－5%）；

第0天“秦川发展（000837）”平（－1%～1%）→第1天“承德露露（000848）”下跌（－3%～－5%）；

第0天“三特索道（002159）”下跌（－1%～－3%）→第1天“承德露露（000848）”下跌（－1%～－3%）；

第0天“银基发展（000511）”平（－1%～1%）→第1天“承德露露（000848）”下跌（－3%～－5%）；

第0天“银基发展（000511）”下跌（－1%～－3%）→第1天“承德露露（000848）”上涨（1%～3%）；

第0天“万力达（002180）”上涨（1%～3%）→第1天“承德露露（000848）”下跌（－1%～－3%）；

第0天“菲达环保（600526）”上涨（＞5%）→第1天“承德露露（000848）”下跌（－3%～－5%）；

第0天“三特索道（002159）”平（－1%～1%），第0天“山东威达（002026）”上涨（＞5%）→第1天“承德露露（000848）”下跌（－3%～－5%）；

第0天“东方电子（000682）”平（－1%～1%），第0天“山东威达（002026）”平（－1%～1%），→第2天“承德露露（000848）”平（－1%～1%）；

第0天“江苏吴中（600200）”平（－1%～1%），第0天“三花智控（002050）”上涨（1%～3%），→第1天“承德露露（000848）”下跌（－3%～－5%）。

结合各只股票第0天的涨跌状态和以上的强关联规则可以推导出在第1天“承德露露（000848）”的涨跌状态为：下跌（－3%～－5%）。因为“承德露露（000848）”在2009年12月31日的收盘价格为26.38元，因此可以预测它在2010年1月的第1个开盘日的价格为25.06元至25.58元，可以取两个价格的平均值25.32元作为股票“承德露露（000848）”第1天的预测价格。

2）设预测的交易日为2天。

首先对22只股票数据进行预处理，滑动时间窗口的大小设置为3。然后使用O－Apriori算法进行关联规则挖掘，最小支持度设置为min_ sup＝0.1，最小置信度设置为min_ *conf*＝0.5。关联规则挖掘过程共得到强关联规则72条，与承德露露（000848）有关的强关联规则如下：

第0天“三花智控（002050）”上涨（3% ~5%）→第2天“承德露露（000848）”平（-1% ~1%）；

第0天“山东威达（002026）”下跌（-1% ~ -3%）→第2天“承德露露（000848）”上涨（1% ~3%）；

第0天“海立股份（600619）”下跌（-1% ~ -3%）→第2天“承德露露（000848）”平（-1% ~1%）；

第0天“长春燃气（600333）”平（-1% ~1%）→第2天“承德露露（000848）”下跌（-1% ~ -3%）；

第0天“菲达环保（600526）”上涨（>5%）→第2天“承德露露（000848）”下跌（-1% ~ -3%）；

第0天“罗牛山（000735）”下跌（-1% ~ -3%）→第2天“承德露露（000848）”平（-1% ~1%）；

第0天“长电科技（600584）”下跌（-1% ~ -3%）→第2天“承德露露（000848）”上涨（1% ~3%）；

第0天“三特索道（002159）”平（-1% ~1%）→第2天“承德露露（000848）”下跌（-1% ~ -3%）；

第0天“万力达（002180）”平（-1% ~1%），第0天“莲花味精（600186）”平（-1% ~1%），→第2天“承德露露（000848）”平（-1% ~1%）；

第0天“秦川机床（000837）”平（-1% ~1%），第0天“承德露露（000848）”上涨（1% ~3%），→第2天“承德露露（000848）”下跌（-1% ~ -3%）；

第0天“江苏吴中（600200）”平（-1% ~1%），第0天“三花智控（002050）”上涨（1% ~3%），→第2天“承德露露（000848）”下跌（-1% ~ -3%）；

第0天“莲花健康（600186）”上涨（1% ~3%），第0天“山东威达（002026）”平（-1% ~1%），→第2天“承德露露（000848）”平 -1% ~1%）；

第0天“大湖股份（600257）”上涨（1% ~3%），第0天“承德露露（000848）”上涨（1% ~3%），→第2天“承德露露（000848）”下跌（-1% ~ -3%）；

结合各只股票第0天的涨跌状态和以上的强关联规则可以推导出在第2天“承德露露（000848）”的涨跌状态为：下跌（-1% ~ -3%）。因为“承德露露（000848）”在2009年12月31日的收盘价格为26.38元，在2010年1月的第1个开盘日的预测价格为25.32元，因此它在2010年1月的第2个开盘日的预测价格区间为24.56 ~25.06元，可以取区间价格的平均值24.81元作为股票“承德露露（000848）”第2天的预测价格。

3）设预测的交易日为3天。

首先对22只股票数据进行预处理，滑动时间窗口的大小设置为4。然后使用O - Apriori算法进行关联规则挖掘，最小支持度设置为min_ sup =0.1，最小置信度设置为min_ *conf* =0.5。关联规则挖掘过程共得到强关联规则62条，与承德露露（000848）有关的强关联规则如下：

第0天“长电科技（600584）”下跌（-3% ~ -5%）→第3天“承德露露

(000848)”平（-1% ~1%）；

第0天“山东威达（002026）”上涨（>5%）→第3天“承德露露（000848）”上涨（1% ~3%）；

第0天“莱宝高科（002106）”上涨（>5%）→第3天“承德露露（000848）”平（-1% ~1%）；

第0天“三特索道（002159）”平（-1% ~1%）→第3天“承德露露（000848）”上涨（1% ~3%）；

第0天“菲达环保（600526）”上涨（>5%）→第3天“承德露露（000848）”上涨（1% ~3%）；

第0天“海立股份（600619）”上涨（1% ~3%）→第3天“承德露露（000848）”下跌（-1% ~ -3%）；

第0天“太阳能（000591）”平（-1% ~1%）→第3天“承德露露（000848）”上涨（3% ~5%）；

第0天“三花智控（002050）”平（-1% ~1%）→第3天“承德露露（000848）”平（-1% ~1%）；

第0天“东方电子（000682）”上涨（1% ~3%），第0天“士兰微（600460）”平（-1% ~1%），→第3天“承德露露（000848）”上涨（1% ~3%）；

第0天“ST烯碳（000511）”平（-1% ~1%），第0天“莲花味精（600186）”平（-1% ~1%），→第3天“承德露露（000848）”平（-1% ~1%）；

第0天“莲花健康（600186）”上涨（1% ~3%），第0天“世纪星源（000005）”平（-1% ~1%），→第3天“承德露露（000848）”上涨（1% ~3%）；

第0天“江苏吴中（600200）”平（-1% ~1%），第0天“创元科技（000551）”平（-1% ~1%），→第3天“承德露露（000848）”下跌（-1% ~ -3%）；

结合各只股票第0天的涨跌状态和以上的强关联规则可以推导出在第3天“承德露露（000848）”的涨跌状态为：上涨（1% ~3%）。因为“承德露露（000848）”在2009年12月31日的收盘价格为26.38元，在2010年1月的第1个开盘日的预测价格为25.32元，在2010年1月的第2个开盘日的预测价格为24.81元，因此，在2010年1月的第3个开盘日的预测价格区间为25.05 ~25.55元，可以取区间价格的平均值25.30元作为股票“承德露露（000848）”第3天的预测价格。

三、股票时间序列短期趋势的预测

本实验采用2009年1月到2009年12月期间的数据为基础来预测2010年1月的股票变化趋势，具体步骤如下：

（1）选择需要预测的股票和预测的时间（以5个交易日为一个单位），设选择的股票为泸州老窖（000568），预测的交易日数字为10。

（2）使用基于形态特征的数据流聚类的方法对股票时间序列集合中的所有序列进行聚类，聚类过程中的参数设置为：初始序列的长度为40，更新的子序列长度

$l=5$，在线维护的特征子段的长度 $k=8$，聚类的数目设为 50。通过聚类过程将相似的股票聚集在同一类当中。聚类过程得到了 50 个聚类，泸州老窖（000568）所在的聚类共有 15 只股票，其余 14 只股票的名称和代码为：世纪星源（000005），晨鸣纸业（000488），双环科技（000707），太阳纸业（002078），生意宝（002095），康强电子（002119），ST 明科（600091），贵州茅台（600519），长电科技（600584），大连圣亚（600593），首商股份（600723），ST 云维（600725），茂业商业（600828），博汇纸业（600966）。

（3）选择“泸州老窖（000568）”所在聚类中的所有 15 只股票时间序列使用 SI - DARM 算法进行关联规则挖掘，挖掘区间的长度设置为 15，区间与区间之间的间隔设置为 5，最小支持度设置为 0.2，最小置信度设置为 0.6。使用 SI - DARM 算法可以得到与“泸州老窖（000568）”有关的所有频繁项集及其对应的模式变化序列，对这些频繁项集进行筛选，保留以“泸州老窖（000568）”作为后项产生的规则是强关联规则的频繁项集，共得到 64 个有效的频繁项集。例如，频繁 2 项集｛泸州老窖（000568）上涨（>5%），首商股份（600723）上涨（>5%）｝的模式变化序列为：

｛终止模式→终止模式→跳跃模式→持续模式→终止模式→终止模式→终止模式→跳跃模式→终止模式→跳跃模式→持续模式→持续模式→持续模式→持续模式→终止模式→终止模式→跳跃模式→持续模式→终止模式→跳跃模式→终止模式→跳跃模式→持续模式→持续模式→终止模式→跳跃模式→持续模式→终止模式→终止模式→跳跃模式→持续模式→终止模式→跳跃模式→持续模式→持续模式→持续模式→终止模式→终止模式→终止模式→跳跃模式→持续模式→持续模式→终止模式→终止模式→终止模式｝。

频繁 3 项集｛泸州老窖（000568）上涨（>5%），大连圣亚（600593）上涨（>5%），长电科技（600584）上涨（>5%）｝的模式变化序列为：

｛跳跃模式→终止模式→终止模式→终止模式→跳跃模式→持续模式→持续模式→持续模式→终止模式→终止模式→跳跃模式→持续模式→持续模式→持续模式→终止模式→终止模式→终止模式→终止模式→跳跃模式→终止模式→终止模式→终止模式→跳跃模式→持续模式→持续模式→持续模式→持续模式→终止模式→终止模式→终止模式→终止模式→跳跃模式→持续模式→持续模式→持续模式→终止模式→跳跃模式→持续模式→持续模式→终止模式→跳跃模式→持续模式→持续模式→终止模式→终止模式｝。

（4）对“泸州老窖（000568）”所在聚类中的所有 15 只股票时间序列进行分段和符号化，并使用 Markov 模型对其未来的走势进行预测。因为设置的预测交易日数字为 10，而进行股票符号化的时候是以 5 个交易日为一个单位，因此，只需要计算 1 步转移概率矩阵和 2 步转移概率矩阵来进行预测。下面以“康强电子（002119）”为例说明具体预测过程。

按照第七章第一节描述的方法可以得到“康强电子（002119）”的 1 步转移概率矩阵 $P^{(1)}$ 和 2 步转移概率矩阵 $P^{(2)}$。

$$P^{(1)}=\begin{bmatrix} 0 & 0 & 0 & \frac{1}{6} & 0 & \frac{2}{3} & \frac{1}{6} \\ \frac{1}{4} & 0 & \frac{1}{4} & \frac{1}{4} & \frac{1}{4} & 0 & 0 \\ 0 & 0 & \frac{1}{6} & \frac{1}{6} & 0 & \frac{1}{3} & \frac{1}{3} \\ \frac{1}{4} & \frac{1}{8} & \frac{1}{8} & 0 & \frac{1}{8} & 0 & \frac{3}{8} \\ \frac{2}{5} & \frac{1}{5} & 0 & 0 & \frac{1}{5} & 0 & \frac{1}{5} \\ \frac{1}{7} & \frac{1}{7} & 0 & \frac{2}{7} & \frac{2}{7} & \frac{1}{7} & 0 \\ 0 & \frac{1}{11} & \frac{3}{11} & \frac{2}{11} & 0 & 0 & \frac{5}{11} \end{bmatrix} \qquad P^{(2)}=\begin{bmatrix} 0 & \frac{1}{6} & 0 & 0 & \frac{1}{2} & \frac{1}{6} & \frac{1}{6} \\ \frac{1}{4} & 0 & 0 & 0 & 0 & \frac{1}{2} & \frac{1}{4} \\ \frac{1}{5} & 0 & 0 & \frac{2}{5} & 0 & 0 & \frac{2}{5} \\ 0 & \frac{1}{8} & 0 & \frac{3}{8} & 0 & 0 & \frac{1}{2} \\ \frac{1}{5} & 0 & \frac{1}{5} & 0 & \frac{1}{5} & \frac{2}{5} & 0 \\ \frac{1}{7} & 0 & \frac{2}{7} & 0 & \frac{1}{7} & \frac{1}{7} & \frac{2}{7} \\ \frac{2}{11} & \frac{1}{11} & \frac{3}{11} & \frac{2}{11} & 0 & \frac{1}{11} & \frac{2}{11} \end{bmatrix}$$

根据 2009 年的股票数据可知，“康强电子（002119）”在 2009 年最后“5 个交易日”的状态为“上涨（ >5%）”。因此，根据以上的转移概率矩阵可以预测“康强电子（002119）”在 2010 年第 1 个“5 个交易日”的状态为“上涨（ >5%）”，第 2 个“5 个交易日”的状态为“下跌（ < -5%）”。同样，根据每只股票的转移概率矩阵都可以对其后续的股票状态进行预测。表 7-1 列出了“康强电子（002119）”所在的聚类中的 15 只股票的状态预测情况，其中，T_0 代表 2009 年的最后“5 个交易日”，T_1 代表 2010 年的第 1 个“5 个交易日”，T_2 代表 2010 年的第 2 个“5 个交易日”。

表 7-1　“康强电子（002119）”所在聚类的 15 只股票的状态预测

股票名称及代码	T_0	T_1	T_2
世纪星源（000005）	上涨（ >5%）	下跌（ -1% ~ -3%）	平（ -1% ~1%）
晨鸣纸业（000488）	平（ -1% ~1%）	下跌（ -3% ~ -5%）	下跌（ -1% ~ -3%）
泸州老窖（000568）	上涨（ >5%）	下跌（ < -5%）	上涨（ >5%）
双环科技（000707）	上涨（ >5%）	下跌（ < -5%）	上涨（ >5%）
太阳纸业（002078）	上涨（ >5%）	平（ -1% ~1%）	上涨（ >5%）
生意宝（002095）	上涨（1% ~3%）	下跌（ < -5%）	下跌（ < -5%）
康强电子（002119）	上涨（ >5%）	上涨（ >5%）	下跌（ < -5%）
ST 明科（600091）	上涨（1% ~3%）	平（ -1% ~1%）	上涨（ >5%）
贵州茅台（600519）	上涨（1% ~3%）	上涨（3% ~5%）	上涨（3% ~5%）
长电科技（600584）	上涨（ >5%）	下跌（ < -5%）	上涨（ >5%）
大连圣亚（600593）	上涨（ >5%）	下跌（ < -5%）	下跌（ < -5%）
首商股份（600723）	上涨（3% ~5%）	下跌（ < -5%）	上涨（3% ~5%）

续表

股票名称及代码	T_0	T_1	T_2
ST 云维（600725）	上涨（>5%）	上涨（>5%）	上涨（>5%）
茂业商业（600828）	平（-1%~1%）	平（-1%~1%）	平（-1%~1%）
博汇纸业（600966）	平（-1%~1%）	上涨（>5%）	下跌（< -5%）

（5）使用 Markov 模型建立 1 步转移概率矩阵对步骤（3）中使用 SI-DARM 算法得到的频繁项集的模式变化趋势进行预测。还是以步骤（3）中的频繁 2 项集｛泸州老窖（000568）上涨（>5%），首商股份（600723）上涨（>5%）｝和频繁 3 项集｛泸州老窖（000568）上涨（>5%），大连圣亚（600593）上涨（>5%），长电科技（600584）上涨（>5%）｝为例进行说明。频繁 2 项集｛泸州老窖（000568）上涨（>5%），西单商场（600723）上涨（>5%）｝的 1 步转移概率矩阵为 $P'^{(1)}$，频繁 3 项集｛泸州老窖（000568）上涨（>5%），大连圣亚（600593）上涨（>5%），长电科技（600584）上涨（>5%）｝的 1 步转移概率矩阵为 $P^{n(1)}$。

$$P'^{(1)}=\begin{bmatrix}0 & \frac{4}{5} & \frac{1}{5}\\ 0 & \frac{7}{15} & \frac{8}{15}\\ \frac{10}{19} & 0 & \frac{9}{19}\end{bmatrix} \qquad P''^{(1)}=\begin{bmatrix}0 & \frac{3}{4} & \frac{1}{4}\\ 0 & \frac{11}{17} & \frac{6}{17}\\ \frac{7}{19} & 0 & \frac{12}{19}\end{bmatrix}$$

频繁 2 项集｛泸州老窖（000568）上涨（>5%），首商股份（600723）上涨（>5%）｝在 2009 年的最后一个挖掘区间的模式为“终止模式”。因此，其在 2010 年的第一个挖掘区间的模式可以预测为“跳跃模式”。频繁 3 项集｛泸州老窖（000568）上涨（>5%），大连圣亚（600593）上涨（>5%），长电科技（600584）上涨（>5%）｝在 2009 年的最后一个挖掘区间的模式为“终止模式”。因此，其在 2010 年的第一个挖掘区间的模式可以预测为“终止模式”。同理，可以为每一个频繁项集建立 1 步转移概率矩阵来进行变化模式的预测。由于篇幅的限制，这里只列出一部分频繁项集的预测结果，涉及“泸州老窖（000568）”的每一种状态，如表 7-2 所示。其中，T'_0 代表 2009 年的最后一个挖掘区间，T'_1 代表 2010 年的第 1 个挖掘区间。

（6）使用步骤（4）中得到的每只股票的未来预测状态和步骤（5）中得到的有效频繁项集的未来预测状态来综合预测“泸州老窖（000568）”未来 10 个交易日的走势。有效的频繁项集都能够产生以“泸州老窖（000568）”为后项的强关联规则。例如频繁 2 项集｛泸州老窖（000568）上涨（>5%），首商股份（600723）上涨（>5%）｝就能够产生“首商股份（600723）上涨（>5%）→泸州老窖（000568）上涨（>5%）”的强关联规则，而频繁 3 项集｛泸州老窖（000568）上涨（>5%），大连圣亚（600593）上涨（>5%），长电科技（600584）上涨（>5%）｝能够产生“大连圣亚

(600593) 上涨 (>5%), 长电科技 (600584) 上涨 (>5%) →泸州老窖 (000568) 上涨 (>5%)" 的强关联规则。

依次对每一个有效频繁项集进行检验, 结合得到的强关联规则和规则中的项集来预测"泸州老窖 (000568)" 的走势。下面以频繁 2 项集 {泸州老窖 (000568) 上涨 (>5%), 大连圣亚 (600593) 上涨 (>5%)} 为例进行说明。频繁 2 项集 {泸州老窖 (000568) 上涨 (>5%), 大连圣亚 (600593) 上涨 (>5%)} 可以得到强关联规则"大连圣亚 (600593) 上涨 (>5%) →泸州老窖 (000568) 上涨 (>5%)"。根据表 7 -2 可以知道在 2010 年的第一个挖掘区间 (即第 1 个"15 个交易日"内) 该频繁 2 项集处于"持续模式", 即该频繁 2 项集在此挖掘区间内是有效的。根据表 7 -1 查看"大连圣亚 (600593)" 在 2010 年第 1 个"5 个交易日" 和第 2 个"5 个交易日" 的预测状态分别为"下跌 (< -5%)" 和"上涨 (>5%)", 因此可以预测"泸州老窖 (000568)" 在 2010 年的第 2 个"5 个交易日" 的走势为"上涨 (>5%)"。

结合所有的有效频繁项集得到的预测结果和"泸州老窖 (000568)" 本身的预测结果 (见表 7 -1) 来综合预测"泸州老窖 (000568)" 未来 10 个交易日的走势, 取结果中出现次数最多的状态作为最终的状态预测结果, 可以得到"泸州老窖 (000568)" 未来 10 个交易日的预测状态结果为: 在 2010 年的第 1 个"5 个交易日" 的预测状态为"下跌 (-1% ~ -3%)", 在 2010 年第 2 个"5 个交易日" 的预测状态为"上涨 (>5%)"。

表 7 -2　部分频繁项集的预测结果

频繁项集	T'_0	T'_1
泸州老窖 (000568) 上涨 (>5%) 大连圣亚 (600593) 上涨 (>5%)	持续模式	持续模式
泸州老窖 (000568) 上涨 (3% ~5%) 首商股份 (600723) 上涨 (>5%)	终止模式	跳跃模式
泸州老窖 (000568) 上涨 (1% ~3%) 贵州茅台 (600519) 平 (-1% ~1%)	跳跃模式	持续模式
泸州老窖 (000568) 平 (-1% ~1%) ST 明科 (600091) 上涨 (1% ~3%)	跳跃模式	终止模式
泸州老窖 (000568) 下跌 (-1% ~ -3%) ST 云维 (600725) 上涨 (>5%)	持续模式	终止模式
泸州老窖 (000568) 下跌 (-3% ~ -5%) 双环科技 (000707) 上涨 (>5%)	终止模式	跳跃模式
泸州老窖 (000568) 下跌 (< -5%) 晨鸣纸业 (000488) 下跌 (< -5%)	跳跃模式	终止模式

第三节　股票时间序列的预测效果评价

在本章第二节使用两个实际股票市场预测的实例来验证本章提出的预测方法是否有效，本节将结合实际的价格数据对预测的结果进行评价。

（1）对股票未来收盘价格区间的预测。

表7－3展示了“承德露露（000848）”的实际收盘价格值与预测值的对比，从表中可以看到，真实的收盘价格总是落在预测区间之内的。在2010年1月4日，2010年1月5日和2010年1月6日的收盘价格预测误差分别为：0.31%，0.36%和0.47%，但由于每次预测都是以前一个交易日的预测结果为参考，因此预测误差随着预测天数的增加而增加，但总体的预测误差还是比较小的。

表7－3　“承德露露（000848）”的实际值与预测值的比较

日期	2009－12－31	2010－01－04	2010－01－05	2010－01－06
实际收盘价格	26.38	25.24	24.90	25.18
预测收盘价格	－	25.32	24.81	25.3
预测收盘价格区间	－	[25.06，25.58]	[24.56，25.06]	[25.05，25.55]
预测误差	－	0.31%	0.36%	0.47%

（2）对股票未来短期收盘价格走势的预测。

表7－4展示了“泸州老窖（000568）”在2010年头10个交易日的预测走势情况与实际走势的对比，从表中可以看到，预测结果与实际的走势是完全吻合的。

表7－4　“泸州老窖（000568）”的实际走势与预测走势的对比

时间	2009年最后“5个交易日”	2010年第1个“5个交易日”	2010年第2个“5个交易日”
实际收盘价格走势	上涨（>5%）	下跌（－1%～－3%）	上涨（>5%）
预测收盘价格走势		下跌（－1%～－3%）	上涨（>5%）

第四节　本章小结

本章综合运用第五章提出的金融时间序列的关联规则挖掘算法和第六章提出的金融时间序列的聚类算法，提出了金融时间序列的综合预测方法，并以实际的沪深A股交易市场的数据为例对预测方法进行了验证，该方法可以对3个交易日内股票价格的变化区间和60个交易日内股票价格变化的趋势进行比较准确的分析与预测。

第八章　结　　论

证券市场中的时间序列主要使用基础分析和技术分析方法进行分析，这两种方法使用简单，但是无法对数据中隐含的更深层次规律和特征进行挖掘。数理统计分析方法是目前金融时间序列分析中比较常用的方法。但是，随着数据量的不断增加，这种方法的分析能力也会表现出一定的缺陷，如各种数理统计分析方法都无法有效地处理较大规模的数据集，也不适合从大量数据中主动地发现各种潜在的规则。因此，面对金融行业不断涌现的海量数据，需要寻找新的数据分析和挖掘的方法。数据挖掘技术可以运用到金融领域的很多方面，时间序列在金融领域是非常重要的一种数据类型，例如，证券市场中的股票价格和交易量、外汇市场上的汇率、期货和黄金的交易价格等数据都形成了持续不断的时间序列。本书主要针对金融时间序列进行研究，使用数据挖掘方法对金融时间序列中的隐含模式信息进行挖掘，创新点主要基于以下几个方面：

（1）本书针对金融时间序列需要保留形态特征与趋势特征的特点，提出了适合金融时间序列的多层次极值点分段表示法（MEPS），此方法能在多个层次上最大限度地保留关键的特征点信息，从而能更好地捕捉和表示时间序列的形态和走势。

（2）本书针对金融时间序列需要保留形态特征与趋势特征的特点，在 MEPS 算法的基础上提出了分层的动态时间弯曲相似性度量方法（HDTW）及其改进方法 IHDTW，将时间序列在不同层次上进行分段，然后计算对应分段层次中子序列间的相似性，最后汇总得到序列间的相似度，在算法中对动态时间弯曲算法（DTW）进行了改进，并且考虑到了分层的均匀因素及趋势因素，实验结果证明能大大提高相似性度量的效果和效率。然后，提出了基于 IHDTW 的聚类方法，采用共享最近邻相似度（SNN）的思想构建序列间的相似性计数矩阵，并利用相似性计数矩阵来寻找聚类中心序列，实验结果证明此方法提高了聚类中心序列的寻找效率和效果，从而大大提升了算法的聚类结果。

（3）金融市场的运行非常复杂，其中人的因素也非常重要，为了在金融时间序列挖掘的过程中更好地体现用户的实际需求，本书提出了基于事件的时间序列相似性度量方法（SMBE），此算法通过对事件的定义引入用户在相似性度量时的偏好与需求，并设计了基于 SMBE 的层次聚类算法，完全以事件的相似性为中心进行聚类，定义了类间相似度和类间一般距离两个参数，并以它们之间的比较作为判断类间距离的依据，使得时间序列相似性度量及其聚类的结果更加符合实际金融市场的状态与需求。

（4）多元时间序列的跨事务关联规则挖掘可以发现不同时间序列在不同时间段发生的事件之间的联系，对于准确预测金融时间序列的走势具有非常重要的意义。本书提出的 O－Apriori 算法能够实现多元时间序列的跨事务关联规则挖掘，设计并定义了频繁状态矩阵来存放项集的频繁状态，构建事务布尔矩阵来存放事务与项集的关系，只需在初始化阶段扫描一次数据库产生初始的频繁状态矩阵和事务布尔矩阵，并根据多元时间序列的跨事务关联规则的定义对递推寻找频繁 k 项集的过程进行约简，大大提高了关联规则挖掘的效率。然后，提出了基于可变支持度的 O – Apriori 算法（VSO – Apriori），设置变化的最小支持度阈值来对应不同级别的频繁项集，从而能够挖掘出更多有效的关联规则。

（5）随着金融市场的快速发展，对于实时金融时间序列数据流的处理与分析也成为非常迫切的需求。针对实时金融时间序列数据流挖掘的需求，本书提出了基于滑动挖掘区间的动态关联规则挖掘方法（SI – DARM）和基于形态特征的数据流聚类算法。SI – DARM算法能在线对不同的挖掘区间进行频繁项集的挖掘，并能跟踪及表现频繁项集的模式变化趋势。基于形态特征的数据流聚类算法通过在线保留子序列的特征信息来实现任意时刻的聚类需求，可以随着新的数据流的到来追踪聚类结果的演化过程。实验证明，这两种算法都能非常有效地进行金融时间序列数据流的动态挖掘，对于挖掘与发现不断变化的金融市场的隐含规律具有非常重要的意义。

（6）金融时间序列的趋势分析与趋势预测一直是金融领域研究的热点，本书综合运用已经提出的金融时间序列的关联规则分析和聚类分析的方法，提出了金融时间序列的预测方法，并以实际的股票市场数据为例对股票时间序列的价格区间预测和走势预测的方法进行了验证。实验证明，该综合预测方法能够比较准确地对股票市场进行分析与预测。

未来的研究工作可以从以下几个方面开展：

（1）本书主要对单变量的金融时间序列进行研究，主要使用价格作为研究变量，在金融领域也经常使用多个变量一起来描述一种状态或者现象，例如在股票市场中，除了使用收盘价格来描述股票状态之外，还会使用开盘价格，成交量，换手率等等。因此，将本书的研究方法扩展到多变量金融时间序列的挖掘是未来的一个研究方向。

（2）本书的部分算法需要用户进行参数的设置，这是考虑到用户实际的需求以及为了在金融时间序列挖掘过程中更多地引入用户的参与。为了使用户能够更好地与挖掘过程进行交互，可以将提出的各种算法整合成为一个综合分析预测系统，为用户提供友好的参数输入界面，并且将预测的过程与结果可视化，这样在实际的预测过程中可以与用户进行更好地沟通与交互，提高金融时间序列分析与挖掘的效果，这也是未来的一个研究方向。

（3）本书仅将提出的各种金融时间序列的模式挖掘方法运用到股票市场的价格预测和趋势预测过程中，其算法也可尝试应用到更多的金融应用领域中去，例如：金融市场的风险分析与监管、金融产品的组合与定价等等。另外，可以进一步将数据挖掘技术与一些已有的金融数学模型相结合，例如，期权定价模型，投资组合模型等等，进行金融产品与金融业务的创新。

参 考 文 献

[1] 方德英，黄飞鸣. 金融业信息化战略：理论与实践［M］. 北京：电子工业出版社，2009.

[2] HAN J W, KAMBER M. Data Mining: Concepts and Techniques［M］. USA: Morgan Kaufmann, 2001.

[3] FAYYAD U M. Data Mining and Knowledge Discovery: Making Sense Out of Data［J］. IEEE Expert: Intelligent Systems and Their Applications, 1996, 11 (5): 20-25.

[4] KEOGH E, KASETTY S. On the need for time series data mining benchmarks: A survey and empirical demonstration［J］. Data Mining and Knowledge Discovery, 2003, 7 (4): 349-371.

[5] BAGNALL A, Ratanamahatana C A, Keogh E, et al. A bit level representation for time series data mining with shape based similarity［J］. Data mining and knowledge discovery, 2006, 13 (1): 11-40.

[6] 李海林，郭崇慧. 一种时间序列快速分段及符号化方法［J］. 模式识别与人工智能，2011，24 (5)：665-672.

[7] 李海林，郭崇慧. 基于云模型的时间序列分段聚合近似方法［J］. 控制与决策，2011，26 (10)：1525-1529.

[8] LIN J, KEOGH E, WEI L, et al. Experiencing SAZX: a novel symbolic representation of time series［J］. Data Mining and Knowledge Discovery, 2007, 15 (2): 107-144.

[9] 钟清流，蔡自兴. 基于统计特征的时序数据符号化算法［J］. 计算机学报，2008，31 (10)：1857-1864.

[10] YE L, KEOGH E J. Time series shapelets: a novel technique that allows accurate, interpretable and fast classification［J］. Data Mining and Knowledge Discovery, 2011, 22 (1/2): 149-182.

[11] WU Y L, AGRAWAL D, Abbadi A E. A comparison of DFT and DWT based similarity search in time-series databases［A］. Proceedings of the 9th International Conference on Information and Knowledge Management［C］. McLean: ACM Press, 2000: 488-495.

[12] WENG X Q, SHEN J Y. Classification of multivariate time series using two-dimensional singular value decomposition［J］. Knowledge-based Systems, 2008, 21 (7): 535-539.

[13] CASTELLI V, THOMASIAN A, LI C S. CSVD: Clustering and singular value decomposition for approximate similarity search in high-dimensional spaces［J］. IEEE Transactions on Knowledge and Data Engineering, 2003 (3): 671-685.

[14] 李爱国，覃征. 大规模时间序列数据降维及相似搜索［J］. 计算机学报，2005，28 (9)：1467-1475.

[15] CHUNG F L, FU T C, NG V, et al. An evolutionary approach to pattern-based time series segmentation［J］. IEEE Transactions on Evolutionary Computation, 2004, 8 (5): 471-489.

[16] FUCHS E, GRUBER T, NITSCHKE J, et al. On-line segmentation of time series based on polynomial least-squares approximation［J］. IEEE Trans on Pattern Analysis and Machine Intelligence, 2010, 32 (12): 2232-2245.

[17] LOH W K, KIM S W, WHANG K Y. A subsequence matching algorithm that supports normalization transform in time-series databases［J］. Data Mining and Knowledge Discovery, 2004, 9 (1): 5-28.

[18] FU A, KEOGH E, LAU L, et al. Scaling and time warping in time series querying［J］. The VLDB

Journal, 2008, 17 (4): 899 - 921.

[19] JEONG Y, JEONG M, Omitaomu O. Weighted dynamic time warping for time series classification [J]. Pattern Recognition, 2011, 44 (9): 2231 - 2240.

[20] RAKTHANMANON T, CAMPANA B, MUEEN A, et al. Searching and mining trillions of time series subsequences under dynamic time warping [C] //Proceeding of the 18th ACM SIGKDD International Conference on Knowledge Discovery and Data Mining, 2012: 262 - 270.

[21] ARENTZ W A, HETLAND M L, OLSTAD B S. Methods for retrieving musical information based on rhythm and pitch correlation [J]. Journal of New Music Research, 2005, 34 (2): 135 - 142.

[22] 冯玉才, 蒋涛, 李国徽, 等. 高效时序相似搜索技术 [J]. 计算机学报, 2009, 32 (11): 2107 - 2122.

[23] 贾澎涛, 何华灿, 刘丽, 等. 时间序列数据挖掘综述 [J]. 计算机应用研究, 2007, 24 (11): 15 - 18.

[24] KEOGH E, LONARDI S, RATANAMAHATANA C A, et al. Compression - based data mining of sequential data [J]. Data Mining and Knowledge Discovery, 2007, 14 (1): 99 - 129.

[25] HARMS S, DEOGUN J, TADESSE T. Discovering sequential association rules with constraints and time lags in multiple sequences [J]. Foundations of Intelligent Systems, 2002: 373 - 376.

[26] LEE Y C, HONG T P, LIN W Y. Mining association rules with multiple minimum supports using maximum constraints [J]. International Journal of Approximate Reasoning, 2005, 40 (1 - 2): 44 - 54.

[27] MATA J, ALVAREZ J L, RIQUELME J C. An evolutionary algorithm to discover numeric association rules [A]. Proceedings of the 2002 ACM Symposium on Applied Computing [C]. Madrid: ACM Press, 2002: 590 - 594.

[28] 赵昊, 汪涛, 许凡, 等. 时序动态关联规则挖掘中趋势变化与预测 [J]. 河南科技大学学报 (自然科学版), 2015 (6): 40 - 45.

[29] SUDKAMP T. Refinement of temporal constraints in fuzzy associations [J]. International Journal of Approximate Reasoning, 2008, 48 (1): 23 - 35.

[30] LEE W J, JIANG J Y, LEE S J. Mining fuzzy periodic association rules [J]. Data & Knowledge Engineering, 2008, 65 (3): 442 - 462.

[31] 郭世伟, 孟昱煜, 陈绍立. 改进的 PSOGM 算法在动态关联规则挖掘中的应用 [J]. 计算机工程与应用, 2018 (8): 160 - 165.

[32] STEINBRECHER M, KRUSE R. Visualizing and fuzzy filtering for discovering temporal trajectories of association rules [J]. Journal of Computer and System Sciences, 2010, 76 (1): 77 - 87.

[33] KONG X, WEI Q, CHEN G. An approach to discovering multi - temporal patterns and its application to financial databases [J]. Information Sciences, 2010, 180 (6): 873 - 885.

[34] 刘俊, 谢彦峰, 张忠林, 等. 基于灰色 Markov 模型动态关联规则的元规则挖掘 [J]. 计算机应用, 2008, 28 (9): 2353 - 2356.

[35] GANG R, LIU J F, GU H J. Mining Dynamic Association Rules in Databases [J]. Control Theory & Applications, 2007, 24 (1): 127 - 141.

[36] 霍纬纲, 程震, 程文莉. 面向不等长多维时间序列的聚类改进算法 [J]. 计算机应用, 2017 (12): 3477 - 3481.

[37] 余思琴, 闫秋艳, 闫欣鸣. 基于最佳 u - shapelets 的时间序列聚类算法 [J]. 计算机应用, 2017 (8): 2349 - 2356.

[38] 樊超, 李宏伟, 朱燕, 等. 一种基于质量估算的空间数据流聚类算法研究 [J]. 计算机应用研

究，2017（9）：2700－2702.

[39] 唐颖峰，陈世平. [L][SEP]一种基于网格块的分布式数据流聚类算法［J］. 小型微型计算机系统，2016（3）：488－493.

[40] 廖江陵，管有庆. 一种改进的模糊数据流聚类算法［J］. 计算机技术与发展，2017（11）：96－100.

[41] 万新贵，李玲娟. 基于质心距离和密度网格的数据流聚类算法［J］. 南京邮电大学学报（自然科学版），2017（1）：97－103.

[42] 兰秋军，马超群，文凤华，等. 基于序列模板的股票时间序列交易决策规则挖掘［J］. 系统工程，2004，22（11）：55－58.

[43] 胡晓青，王波. 基于数据挖掘的金融时序频繁模式的快速发现［J］. 上海理工大学学报，2006，28（4）：381－385.

[44] 杨莉. 高维数据的可视化和快速聚类算法［J］. 计算机科学，2006，33（11）：132－133.

[45] 杨冬梅，吴冲锋，冯芸. 金融网络中洗钱资金异常转移路径的经济成本模型［J］. 系统工程理论与实践，2006，26（5）：23－29.

[46] 李时，张成虎. 隐私保护关联规则在可疑金融交易识别中的应用［J］. 兰州大学学报（社会科学版），2007，35（2）：128－132.

[47] 梅永国，陈文中. 一个基于 Web 的金融多层聚类系统［J］. 上海交通大学学报，2002，36（12）：1816－1820.

[48] 黄超，吴清烈，武忠，等. 基于方差波动多重分形特征的金融时间序列聚类［J］. 系统工程，2006，24（6）：100－103.

[49] 杨虎，李强. 金融时序中异常数据挖掘算法设计及实证分析［J］. 中国管理科学，2004，12（3）：7－11.

[50] 武红江，赵军平，彭勤科，等. 基于波动特征的时间序列数据挖掘［J］. 控制与决策，2007，22（2）：160－163.

[51] KEOGH E，KASETTY S. On the need for time series data mining benchmarks：A survey and empirical demonstration［J］. Data Mining and Knowledge Discovery，2003，7（4）：349－371.

[52] PATERSON M，DANČÍK V. Longest common subsequences［J］. Mathematical Foundations of Computer Science，1994，841：127－142.

[53] GAVRILOV M，ANGUELOV D，INDYK P，et al. Mining the stock market：Which measure is best［A］. Proceedings of the Sixth ACM SIGKDD International Conference on Knowledge Discovery and Data Mining［C］. Boston：ACM Press，2000：487－496.

[54] 周勇. 时间序列时序关联规则挖掘研究［D］. 成都：西南财经大学，2008.

[55] 何云峰. 关联规则算法研究及在股市中的应用［D］. 成都：西南交通大学，2006.

[56] BURDICK D，CALIMLIM M，FLANNICK J，et al. Mafia：A maximal frequent itemset algorithm［J］. IEEE Transactions on Knowledge and Data Engineering，2005，17（11）：1490－1504.

[57] 范明，范宏建. 数据挖掘导论［M］北京：人民邮电出版社，2006.

附　　录

6.2　节中的示例时间序列集合 $S=\{S_1, S_2, \cdots, S_9\}$

S_1:

35.262 300	35.680 500	31.085 100	30.258 900	24.136 600	27.076 600
25.777 000	33.148 200	24.796 500	26.280 400	33.382 800	28.548 400
26.741 700	35.915 200	30.384 100	31.671 600	24.011 400	33.044 600
33.563 100	33.943 200	31.339 600	24.497 900	31.792 800	34.645 700
26.815 500	33.873 100	26.529 000	35.271 400	30.506 000	29.624 300
32.462 200	33.046 500	29.115 700	26.237 800	28.183 700	32.062 300
28.333 200	30.979 000	33.220 100	24.250 800	27.173 500	32.118 900
24.526 200	30.832 100	27.504 700	26.009 800	25.224 300	24.114 200
29.495 800	26.229 800	30.545 700	24.825 900	29.907 500	28.094 900
31.562 200	26.408 200	34.133 100	28.191 800	30.293 400	29.411 300

S_2:

26.711 500	24.096 900	30.021 300	29.942 300	31.546 000	33.767 300
26.751 900	28.729 400	26.058 300	35.705 100	33.797 400	25.070 400
33.042 800	25.811 500	33.047 600	26.129 500	34.115 400	31.864 700
29.307 100	35.857 500	28.523 400	28.844 400	29.064 000	29.927 700
25.607 000	29.226 600	35.835 500	25.363 500	29.956 300	26.746 800
27.858 700	34.650 800	24.142 100	31.651 800	34.326 600	25.046 900
32.133 200	32.372 600	35.288 300	33.870 500	27.621 200	25.370 500
30.037 500	31.027 500	35.087 100	32.320 100	35.201 300	28.521 200
31.406 100	29.792 500	32.469 900	28.196 600	31.919 500	35.485 900
24.267 000	30.708 400	28.935 100	35.511 200	24.769 000	33.887 400

S_3:

34.229 600	32.878 300	24.245 700	26.903 600	25.867 700	34.054 500
30.892 300	28.728 700	26.849 300	25.111 900	35.593 900	32.894 100
31.672 300	31.094 700	27.854 700	27.389 100	32.380 000	33.363 000
28.675 100	35.918 500	28.651 200	31.077 100	27.935 900	24.472 600
32.836 000	33.607 600	32.739 100	28.557 200	26.698 300	29.371 700
30.033 800	32.171 000	25.157 500	30.748 800	33.875 600	26.079 200
35.333 900	36.008 100	32.682 900	29.168 600	30.092 500	31.965 400

30.902 300	31.138 000	25.207 400	34.737 100	24.513 400	25.368 600
30.389 600	27.580 000	32.590 400	30.062 800	35.500 900	33.841 500
24.344 800	25.839 400	30.818 200	27.583 300	32.332 200	32.761 100

S_4:

30.742 500	37.975 400	43.189 100	42.739 000	39.371 200	44.196 200
37.650 700	28.887 500	18.435 400	20.914 600	13.355 400	11.583 400
18.049 500	28.536 200	31.832 900	34.720 900	42.002 900	49.451 700
45.422 000	42.449 800	36.544 300	26.746 700	27.397 100	19.472 500
13.137 700	21.002 000	17.696 300	21.995 000	31.443 100	35.500 000
38.218 900	46.168 800	41.244 400	37.847 300	39.742 200	36.666 800
19.971 700	24.138 100	15.071 500	13.063 200	12.450 500	26.709 600
26.775 100	36.473 000	37.213 100	43.486 600	46.501 400	47.938 200
34.964 100	30.769 000	20.486 100	21.767 500	16.689 700	20.829 400
17.913 800	26.803 100	26.095 000	30.932 400	40.206 000	48.586 900

S_5:

32.144 200	37.673 500	44.360 400	43.789 800	48.982 900	39.610 000
30.854 000	32.244 000	26.740 800	16.402 500	20.538 100	18.309 500
21.448 800	30.532 800	32.592 200	36.896 500	46.866 300	42.402 400
35.066 200	30.284 600	28.056 300	19.406 200	14.665 200	19.916 300
19.557 100	22.347 900	28.133 600	27.740 800	44.784 100	44.511 100
41.679 500	36.417 300	38.124 700	30.402 600	18.529 400	19.939 600
19.104 000	16.599 800	20.353 100	24.930 100	37.611 500	35.989 300
43.792 100	48.745 100	39.089 500	33.015 500	37.544 200	28.946 900
21.445 000	18.225 400	11.492 600	19.633 500	21.117 200	25.580 800
30.937 300	39.519 000	43.394 900	42.910 900	40.453 500	32.714 100

S_6:

28.548 700	38.744 000	41.508 200	37.852 300	40.991 000	40.989 600
40.682 800	37.137 700	30.449 100	26.896 400	15.818 500	16.174 900
19.811 000	17.941 800	31.521 200	25.980 600	34.426 900	41.422 500
35.290 900	42.948 800	34.123 500	37.945 900	33.653 800	24.406 300
27.815 200	18.611 500	23.345 500	16.531 300	19.334 600	30.705 500
26.231 000	30.731 700	36.066 300	46.043 500	35.884 900	32.187 500
39.732 500	24.514 300	28.430 200	28.105 300	17.058 800	21.586 100
26.607 500	21.997 600	22.783 800	35.112 100	36.086 300	40.279 600
45.133 500	37.287 100	43.074 500	32.818 500	33.216 700	23.348 200
19.480 900	17.359 700	22.837 800	23.109 900	19.190 300	27.775 400

S_7:

30.251 500	28.655 600	36.289 000	26.390 700	35.729 800	35.936 600

36. 181 500	27. 974 200	28. 513 700	33. 114 200	29. 317 600	32. 044 200
32. 969 200	28. 507 500	29. 267 700	32. 724 400	28. 399 600	36. 739 200
32. 287 100	35. 190 700	35. 498 400	37. 474 100	40. 326 000	36. 279 200
37. 654 100	32. 513 400	41. 664 600	35. 948 400	38. 309 300	43. 686 900
36. 790 500	33. 352 300	44. 169 100	44. 398 300	34. 687 600	39. 478 300
34. 803 300	40. 290 700	34. 951 300	36. 038 300	45. 362 800	39. 197 900
41. 233 800	44. 937 200	37. 896 200	41. 606 600	37. 203 600	45. 469 800
36. 945 100	44. 495 900	42. 715 300	47. 971 300	48. 477 800	45. 387 600
49. 017 600	49. 043 000	45. 303 600	39. 461 900	46. 956 100	44. 708 400

S_8:

28. 425 700	26. 993 800	26. 966 800	30. 847 000	35. 515 000	34. 064 600
33. 116 300	27. 180 800	37. 271 400	36. 255 900	29. 674 800	36. 605 100
35. 141 200	39. 080 600	36. 726 200	39. 416 200	32. 780 000	35. 505 400
33. 495 400	37. 051 400	34. 059 100	31. 475 900	39. 708 500	32. 126 700
32. 264 900	37. 715 800	33. 400 000	41. 869 400	43. 501 200	37. 201 000
37. 962 100	37. 026 200	38. 775 500	39. 992 300	43. 384 500	41. 266 200
44. 384 100	42. 294 800	46. 342 800	42. 497 900	36. 441 900	37. 531 300
42. 558 700	47. 383 800	43. 571 500	40. 688 700	39. 483 600	38. 767 000
47. 494 600	45. 102 300	43. 065 500	46. 966 400	47. 413 100	41. 398 200
50. 551 000	46. 523 200	46. 384 600	41. 818 700	51. 209 800	45. 778 100

S_9:

29. 740 400	25. 589 100	27. 592 000	26. 803 300	26. 792 000	37. 297 100
31. 595 400	35. 278 700	35. 940 900	31. 392 200	34. 278 300	36. 093 900
35. 631 000	40. 258 800	41. 360 200	34. 374 600	33. 873 500	35. 873 500
34. 565 900	37. 008 700	39. 505 500	41. 599 900	40. 851 600	38. 997 600
38. 457 100	36. 436 100	42. 123 600	43. 111 900	38. 568 100	38. 653 300
44. 700 100	45. 538 900	47. 969 200	39. 801 300	44. 165 000	46. 559 400
38. 537 200	43. 641 700	48. 436 600	43. 011 700	48. 224 900	49. 461 400
51. 130 100	49. 543 800	52. 623 400	41. 796 100	45. 835 900	45. 248 500
48. 349 700	54. 633 000	45. 593 600	49. 111 600	50. 813 800	47. 245 600
53. 783 700	52. 405 200	51. 871 400	56. 812 800	46. 987 900	47. 553 200

使用 IHDTW 算法计算出的序列间相似度信息如下：

(1) 序列 1 与其他序列在每一层次的相似性度量结果

层次 1：

— 0. 031 476 0. 117 048 0. 174 800 0. 026 979 0. 045 066 0. 071 197 0. 007 421 0. 017 848

层次 2：

— 0.039 917 0.140 015 0.209 632 0.027 669 0.047 180 0.088 239
0.011 289 0.023 536

层次 3：

— 0.057 790 0.174 194 0.261 800 0.028 405 0.049 503 0.122 763
0.013 017 0.034 547

层次 4：

— 0.103 887 0.072 212 0.341 060 0.029 180 0.052 067 0.201 665
0.216 726 0.142 099

层次 5：

— 0.552 890 0.340 367 0.489 152 0.029 999 0.054 910 0.564 435
0.592 655 0.536 489

(2) 序列 2 与其他序列在每一层次的相似性度量结果

层次 1：

0.031 476 — 0.101 955 0.072 091 0.019 551 0.029 624 0.095 772
0.031 936 0.258 194

层次 2：

0.039 917 — 0.113 275 0.088 089 0.020 569 0.031 716 0.120 794
0.042 508 0.342 174

层次 3：

0.057 790 — 0.127 424 0.113 212 0.021 999 0.034 127 0.180 567
0.361 779 0.507 119

层次 4：

0.103 887 — 0.196 382 0.219 051 0.023 642 0.036 933 0.357 441
0.678 321 0.979 092

层次 5：

0.552 890 — 0.169 854 3.363 629 0.025 550 0.040 243 17.478 764
6.159 636 14.126 949

(3) 序列 3 与其他序列在每一层次的相似性度量结果

层次 1：

0.117 048 0.101 955 — 0.044 569 0.036 695 0.144 438 0.086 543
0.082 776 0.097 931

层次 2：

0.140 015 0.113 275 — 0.053 057 0.042 305 0.077 860 0.096 257
0.093 076 0.110 487

层次 3：

0.174 194 0.127 424 — 0.065 538 0.053 108 0.101 463 0.100 775
0.106 303 0.063 283

层次 4：

0. 072 212　0. 196 382　—　0. 121 041　0. 071 321　0. 145 601　0. 179 876　0. 123 913　0. 117 502

层次 5：

0. 340 367　0. 169 854　—　0. 790 545　0. 108 543　0. 257 708　0. 836 383　0. 851 144　0. 820 344

（4）序列 4 与其他序列在每一层次的相似性度量结果

层次 1：

0. 174 800　0. 072 091　0. 044 569　—　0. 334 750　0. 171 665　0. 241 044　0. 139 482　0. 095 425

层次 2：

0. 209 632　0. 088 089　0. 053 057　—　0. 339 781　0. 181 134　0. 288 270　0. 177 320　0. 118 614

层次 3：

0. 261 800　0. 113 212　0. 065 538　—　0. 457 727　0. 045 805　0. 358 510　0. 243 328　0. 156 692

层次 4：

0. 341 060　0. 219 051　0. 121 041　—　0. 634 334　0. 048 485　0. 636 194　0. 432 023　0. 303 305

层次 5：

0. 489 152　3. 363 629　0. 790 545　—　0. 033 335　0. 051 498　3. 821 871　2. 916 712　5. 693 422

（5）序列 5 与其他序列在每一层次的相似性度量结果

层次 1：

0. 026 979　0. 019 551　0. 036 695　0. 334 750　—　0. 166 164　0. 022 640　0. 019 025　0. 021 779

层次 2：

0. 027 669　0. 020 569　0. 042 305　0. 339 781　—　0. 175 467　0. 023 000　0. 019 596　0. 022 800

层次 3：

0. 028 405　0. 021 999　0. 053 108　0. 457 727　—　0. 305 415　0. 023 449　0. 020 250　0. 024 145

层次 4：

0. 029 180　0. 023 642　0. 071 321　0. 634 334　—　0. 410 565　0. 289 421　0. 020 949　0. 025 659

层次 5：

0. 029 999　0. 025 550　0. 108 543　0. 033 335　—　0. 626 134　1. 023 965　1. 019 827　1. 027 361

(6) 序列 6 与其他序列在每一层次的相似性度量结果

层次 1：

0. 045 066　0. 029 624　0. 144 438　0. 171 665　0. 166 164　—　0. 034 532　0. 028 601　0. 032 432

层次 2：

0. 047 180　0. 031 716　0. 077 860　0. 181 134　0. 175 467　—　0. 035 455　0. 029 880　0. 034 542

层次 3：

0. 049 503　0. 034 127　0. 101 463　0. 045 805　0. 305 415　—　0. 036 428　0. 031 279　0. 036 947

层次 4：

0. 052 067　0. 036 933　0. 145 601　0. 048 485　0. 410 565　—　0. 037 456　0. 032 816　0. 039 711

层次 5：

0. 054 910　0. 040 243　0. 257 708　0. 051 498　0. 626 134　—　0. 959 726　0. 964 958　0. 954 023

(7) 序列 7 与其他序列在每一层次的相似性度量结果

层次 1：

0. 071 197　0. 095 772　0. 086 543　0. 241 044　0. 022 640　0. 034 532　—　0. 024 114　0. 090 160

层次 2：

0. 088 239　0. 120 794　0. 096 257　0. 288 270　0. 023 000　0. 035 455　—　0. 028 024　0. 100 446

层次 3：

0. 122 763　0. 180 567　0. 100 775　0. 358 510　0. 023 449　0. 036 428　—　0. 314 241　0. 149 761

层次 4：

0. 201 665　0. 357 441　0. 179 876　0. 636 194　0. 289 421　0. 037 456　—　0. 604 735　0. 442 984

层次 5：

0. 564 435　17. 478 764　0. 836 383　3. 821 871　1. 023 965　0. 959 726　—　8. 893 931　8. 275 522

(8) 序列 8 与其他序列在每一层次的相似性度量结果

层次 1：

0. 007 421　0. 031 936　0. 082 776　0. 139 482　0. 019 025　0. 028 601　0. 024 114　—　0. 205 341

层次 2：

0. 011 289　0. 042 508　0. 093 076　0. 177 320　0. 019 596　0. 029 880　0. 028 024

— 0.079 778

层次3：

0.013 017　0.361 779　0.106 303　0.243 328　0.020 250　0.031 279　0.314 241
— 0.389 888

层次4：

0.216 726　0.678 321　0.123 913　0.432 023　0.020 949　0.032 816　0.604 735
— 0.708 073

层次5：

0.592 655　6.159 636　0.851 144　2.916 712　1.019 827　0.964 958　8.893 931
— 3.850 143

（9）序列9与其他序列在每一层次的相似性度量结果

层次1：

0.017 848　0.258 194　0.097 931　0.095 425　0.021 779　0.032 432　0.090 160
0.205 341　—

层次2：

0.023 536　0.342 174　0.110 487　0.118 614　0.022 800　0.034 542　0.100 446
0.079 778　—

层次3：

0.034 547　0.507 119　0.063 283　0.156 692　0.024 145　0.036 947　0.149 761
0.389 888　—

层次4：

0.142 099　0.979 092　0.117 502　0.303 305　0.025 659　0.039 711　0.442 984
0.708 073　—

层次5：

0.536 489　14.126 949　0.820 344　5.693 422　1.027 361　0.954 023　8.275 522
3.850 143　—